C#
ベクトル
プログラミング
入門

北山洋幸●著

**x86系SIMD命令の利用と
BenchmarkDotNetを使った性能評価**

はじめに

　近年において、ソフトウェアエンジニアがハードウェアのアーキテクチャを意識する機会は激減しました。それは悪いことではないでしょう。ソフトウェアエンジニアがハードウェアを意識していては、開発したソフトウェアはハードウェア依存となりポータビリティやスケーラビリティなどを失ってしまいます。特に抽象化された環境では、ほぼハードウェアアーキテクチャーを意識する必要はありません。

　しかしながら、仮想マシン（バーチャルマシン）やフレームワーク上の開発言語を使用している最中に、大量の演算処理を行う必要に迫られる場合があります。一般的には、言語の実装を工夫するだけで所望の性能を獲得できる場合が少なくありません。しかし、実装の工夫だけでは目的の性能を達成できない場合もあります。本書では、C# を利用していながら、比較的大規模な数値演算を行いたときに重宝するベクトル処理について解説を行います。また、副産物として C# の性能評価についても触れます。

　C# は x86 系 CPU の SIMD 命令を利用できるように、System.Runtime.Intrinsics.X86 クラスなどで SIMD 命令をサポートするメソッドが提供されています。このクラスは、C++ のイントリンシックと対応したメソッドを用意しています。ベクトル処理に慣れていない人でも、これらのメソッドを利用すると、容易に C# でベクトルプログラミングを行うことができるでしょう。これによって、C# 単体で、リッチな UI と高速な数値演算両方を満足するプログラムを開発できる可能性が高くなります。

　本書は、以下のような人を対象読者としています。

- C# でベクトルプログラミングを習得したい人
- ベクトル処理を理解したい人
- C# で演算の多いプログラムを開発したい人

　本書を参考に C# におけるベクトル処理、SIMD 命令、そして性能向上したソフトウェアの開発に役立ててください。微力ながら本書が学習の助けになれば幸いです。

謝辞

　出版にあたり、開発環境である Visual Studio を無償公開している米 Microsoft 社、BenchmarkDotNet を無償公開している .NET Foundation、ほか各種環境を提供している団体・個人に深く感謝いたします。ならびに、株式会社カットシステムの石塚勝敏氏にも深く感謝いたします。

2022 年初春　都立東大和南公園にて　北山洋幸

■ 参考文献、参考サイト、参考資料

1. https://docs.microsoft.com/ja-jp/dotnet/api/system.runtime.intrinsics.x86?view=net-6.0 / System.Runtime.Intrinsics.X86 のリファレンス
2. Intel® Advanced Vector Extensions Programming Reference JULY 2009
3. Introduction to Intel® Advanced Vector Extensions, By Chris Lomont
4. Intel® 64 and IA-32 Architectures Software Developer's Manual Volume 1: Basic Architecture, December 2021
5. Intel® 64 and IA-32 Architectures Software Developer's Manual Combined Volumes 2A, 2B, 2C, and 2D: Instruction Set Reference, A-Z, September 2016
6. Intel® 64 and IA-32 Architectures Software Developer's Manual Combined Volumes 3A, 3B, 3C, and 3D: System Programming Guide, December 2021
7. Intel® 64 and IA-32 Architectures Software Developer's Manual Volume 4: Model-specific Registers, December 2021
8. https://benchmarkdotnet.org / BenchmarkDotNet 公式サイト
9. インテル ® 64 アーキテクチャーおよび IA-32 アーキテクチャー最適化リファレンス・マニュアル , 2011 年 4 月
10. IA-32 インテル ® アーキテクチャ ソフトウェア・デベロッパーズ・マニュアル / 上巻：基本アーキテクチャ（資料番号 253665-013J）, 中巻 A：命令セット・リファレンス A-M（資料番号 253666-013J）, 中巻 B：命令セット・リファレンス N-Z（資料番号 253667-013J）, 下巻：システム・プログラミング・ガイド（資料番号 253668-013J）
11. 北山洋幸、『AVX 命令入門』、カットシステム
12. 北山洋幸、『512 ビット・ベクトルプログラミング入門』、カットシステム
13. 3D Vector Normalization Using 256-Bit Intel® Advanced Vector Extensions (Intel® AVX / https://www.intel.com/content/dam/develop/external/us/en/documents/normvec-181650.pdf / Stan Melax 著

■ 本書の使用にあたって

開発環境、および、実行環境の説明を行います。

● Windows バージョン
  Windows のバージョンへ依存するとは思えませんが、本書のプログラムの開発および動作確認は Windows 10 Pro（64 ビット）で行いました。

- Visual C# のバージョンとエディション
  無償の Visual Studio Community 2022 を使用します。

- 推奨 CPU
  推奨 CPU は、AVX2 命令をサポートしているものです。ただし、AVX のみをサポートしている CPU でも一部書き換えれば問題なく利用できます。AVX 命令をサポートしている CPU は、Sandy Bridge 以降であり、利用可能となった時期は 2011 年頃からです。AVX2 命令をサポートしている CPU は、Haswell 以降であり、利用可能となった時期は 2013 年頃からです。

- URL
  URL の記載がある場合、執筆時点のものであり変更される可能性もあります。リンク先が存在しない場合、キーワードなどから自分で検索してください。

- メソッドの説明
  C# のクラスは、たくさんのオーバーロードを提供しています。本書のメソッド説明は紙面の関係で一部のオーバーロードの説明に限られます。すべてを知りたい場合は、参考サイトを参照してください。

■ 用語

用語の使用に関して説明を行います。

- カタカナ語の長音表記
  「メモリー」や「フォルダー」など、最近は語尾の「ー」を付けるのが一般的になっていますので、なるべく「ー」を付けるようにします。ただ、開発環境やドキュメントなどに従来の用語を使用している場合も多く、参考資料も混在して使用しているため、本書では、語尾の「ー」は統一していません。

- ソースリストとソースコード
  基本的に同じものを指しますが、ソースリストと表現する場合ソース全体を、ソースコードと表現する場合ソースの一部を指す場合が多いです。

- SIMD、AVX、ベクトル命令
  これらを混在して使用しています。System.Runtime.Intrinsics.X86 クラスのメソッドのことを、SIMD 命令、SIMD メソッド、AVX メソッドと表現する場合もあります。特別な意味を

持って使い分けていませんので、文脈から何を指しているか読み取ってください。

● 命令、メソッド
SIMD 命令や AVX 命令と記載している場合がありますが、実際は System.Runtime.Intrinsics.X86 クラスのメソッドなどです。

● イントリンシック
System.Runtime.Intrinsics.X86 クラスのメソッドなどをイントリンシックと記載している場合があります。ほとんどの System.Runtime.Intrinsics.X86 クラスのメソッドは C++ のイントリンシックと対応しています。メソッドの説明で理解が進まない場合、C++ のイントリンシックの説明を参照するのも良い方法です。

● Single と float
単精度浮動小数点を指します。公式なドキュメントが混在して使用していましたので、それに倣いました。Double と double や Int32 と int なども同様です。

● タスクとスレッド
C# では、Task クラスを使用してスレッドを起動するときがあります。このため、スレッドとタスク、そして Task を混在して使用します。両方とも同じものを指しますが、スレッドをタスクと表現する場合があり、その逆もあります。

目 次

第 1 章

SIMD 概論

　抽象的な環境でも性能を問われる場合が少なくありません。C# を使用し生産性を向上させながら、性能も向上させたいときがあるでしょう。C# で性能を向上させたければ並列処理などがサポートされており、CPU コアを最大限有効活用する方法は従来から使用されています。それに加え System.Runtime.Intrinsics.X86 クラスなどを利用することによってベクトルプログラミングが可能となっています。本書では、あまり説明が行われていないベクトルプログラミングを解説します。

　コンピューターの性能向上を実現するには、

（1）CPU コアを多数用意する
（2）アクセラレータを利用する
（3）CPU クロック数を高速化する

などの手法があります。ベクトル処理（SIMD: Single Instruction Multiple Data）は、それらとは思想が異なり、1 回の処理で複数のデータを処理する考えです。近年の CPU は SIMD 命令を装備しており、それらのビット幅や命令は日々拡張されています。

　SIMD に対抗するアーキテクチャに SISD（Single Instruction Single Data）があります。これは、一度に 1 つのデータを処理します。これに対し SIMD 命令は、複数のデータを一度に処理します。つまりデータ並列の一種と考えて良いでしょう。

　最近の言語は自動ベクトル化をサポートするものもあります。しかし、標準化やコンパイラの対応は途上です。コンパイラの自動ベクトル化は長いこと研究されていますが、人間が最適化す

るレベルに達するには、まだ多くの時間を必要とするでしょう。本書では、自身でベクトル処理する方法を解説します。

1.1 フリンの分類

コンピューターの分類はさまざまな観点からなされていますが、ここでは命令とデータの並列化を体系的にまとめたフリンの分類（Flynn's taxonomy）を示します。これは、マイケル・J・フリン（Michael J. Flynn）が 1966 年に提案したコンピューターアーキテクチャの分類法です。フリンが定義した 4 つの分類は、命令の並列度とデータストリームの並列度に基づくものです。

- SISD: Single Instruction, Single Data stream
- SIMD: Single Instruction, Multiple Data streams
- MISD: Multiple Instruction, Single Data stream
- MIMD: Multiple Instruction, Multiple Data streams

以降に分類の概念図を示します。

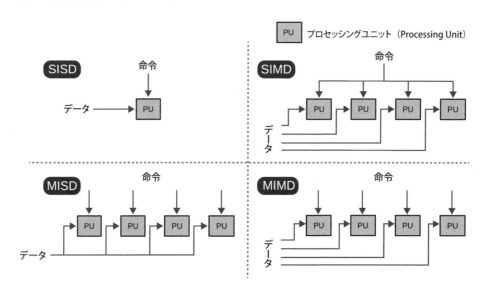

図1.1●フリンの分類による4つの並列化の動作モデル

● SISD

1つの命令で1つのデータに対して処理を行う命令形式のことです。最も基本的なアーキテクチャで、命令にもデータにも並列性のない逐次的な方式です。旧式のパーソナルコンピューターや古いメインフレームで採用されています。

● SIMD

1つの命令で複数のデータに対して処理を行う命令形式のことです。SISDと異なり、SIMDではプロセッサ内に演算を実行する実行ユニットが複数用意されており、それぞれが異なるデータに対し並列に演算を行います。SIMDでは読み取られた命令が各実行ユニットにブロードキャストされ、各実行ユニットが持つデータに対して同一の演算が実行されます。

● MISD

日本語では複数命令単一データ流などと訳されます。このモデルでは、複数のプログラムカウンタが示す命令が単一のデータに対して適用されます。このモデルは他のものに比べ若干特殊なので、実際にどういったアーキテクチャがこのモデルに属するかといった点に関しては計算機アーキテクチャの教科書に譲ります。

● MIMD

独立した複数のプロセッサを持ち、それぞれのプロセッサは異なる命令を使って異なるデータを処理します。MIMDアーキテクチャはさまざまな分野で応用されています。一般に分散システムはMIMD型であると言われ、単一の共有メモリを使う場合と、分散メモリを使う場合があります。

1.2 SIMD 概要

　細かな説明の前に、SIMD の概要を説明しましょう。例えば、単精度浮動小数点型の配列があり、それらを加算する処理があったとします。以降に、一般的な方法で記述した疑似コードを示します。

```
float[] a = { … };
float[] b = { … };
var c = new float[8];

c[0] = a[0] + b[0]
c[1] = a[1] + b[1]
c[2] = a[2] + b[2]
c[3] = a[3] + b[3]
c[4] = a[4] + b[4]
c[5] = a[5] + b[5]
c[6] = a[6] + b[6]
c[7] = a[7] + b[7]
```

　処理を以降に示します。加算処理を要素ごと順番に 1 つずつ処理しなければなりません。

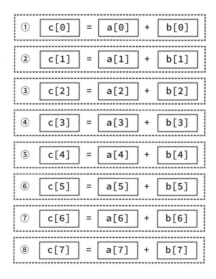

図1.2●一般的な方法

この処理を SIMD で記述する例を、以降に疑似コードで示します。

```
float[] a = { … };
float[] b = { … };
var c = new float[8];

c = Avx2.Add(a, b);
```

System.Runtime.Intrinsics.X86 の Avx クラスの Add メソッドを利用すると、一度に配列の 8 要素をそれぞれ独立して加算できます。

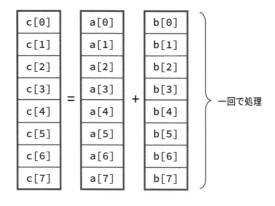

図1.3●SIMDの処理

この機能を利用すると行列計算、3D 座標計算やデジタルフィルタ処理などを高速に処理することができます。

1.3　SIMD 命令で扱うデータ形式

現在使われているプロセッサは、例外を除き SIMD 命令を装備しています。パソコンで使用されているプロセッサは、ほとんど例外なく SIMD 命令を実装しています。インテル系のプロセッサは、初期の MMX 命令から始まり、現在では AVX-512 命令を実装しています。MMX 命令は制限も多かったですが、既に過去のものとなりました。現在現役で使われているプロセッサは例外を除き AVX2 命令をサポートしているのが普通です。近年購入したパソコンであれば、AVX-512

命令もサポートしているでしょう。ただ、原稿執筆時点では、C# が AVX-512 をサポートしたクラスを提供していませんでした。このため、本書では AVX2 までの例題を示すこととします。

MMX 命令は 64 ビット長のデータ、SSE 命令以降は 128 ビット長のデータ、AVX 命令は 256 ビット長、そして AVX-512 命令は 512 ビット長のデータを 1 つの命令で処理します。この固定長データに同じ型の複数のデータを格納し処理します。このように複数のデータをひとかたまりで扱う場合、これをパックされたデータと呼びます。

1.4 SIMD 命令とは

SIMD 命令セットには、米 Intel 社の SSE/AVX 命令セットなど以外に、米 Motorola 社の AltiVec や米 Sun Microsystems 社（後の Oracle 社）の VIS（Visual Instruction Set）などが広く知られています。組込み用途やモバイル機器に多く採用される米 ARM 社の ARM プロセッサや、ルネサステクノロジ社の SH-5 でも SIMD 命令がサポートされており、組込み分野でも利用が進みつつあります。他にも Sony Computer Entertainment の Cell プロセッサの SIMD も良く知られています。

SIMD とは、Single Instruction Multiple Data の略です。これに対し、通常のノイマン型計算機における非 SIMD 命令は SISD（Single Instruction Single Data）に分類されます。命名から分かるように、SIMD 命令では同時に複数のデータを扱うことができます。本書で解説する SIMD 命令は、単位時間あたりの処理データ量を増加させるための技術です。

本書では、C# で SIMD を解説しますので、SIMD やベクトル命令と表現した場合、インテル系プロセッサがサポートする SIMD 命令を指します。

1.5 C# と SIMD

SIMD の概要を理解できたところで、C# の SIMD を説明します。C# で SIMD を利用したい場合は System.Runtime.Intrinsics と System.Runtime.Intrinsics.X86 を利用します。

■ System.Runtime.Intrinsics 名前空間

命令セット拡張で使用するさまざまなサイズや形式で、レジスタの状態を作成および伝達するために使用される型が含まれています。

■ System.Runtime.Intrinsics.X86 名前空間

x86 および x64 システムの選択命令セット拡張機能を公開します。これらの命令セットは、各拡張機能の個別クラスとして表現されます。現在の環境内の任意の拡張機能のサポートは、それぞれの型の IsSupported プロパティに対してクエリを実行することで判断できます。執筆時点では、AVX2 までがサポートされており、AVX-512 は未サポートです。

本クラスがサポートしている、X86 および x64 システムの選択命令セット拡張機能の代表的な一覧を示します。

表1.1●クラスとサポートする命令セット

クラス名	説明
Avx	Intel AVX ハードウェア命令にアクセスできます。
Avx2	Intel AVX2 ハードウェア命令にアクセスできます。
Fma	Intel FMA ハードウェア命令にアクセスできます。
Sse	Intel SSE ハードウェア命令にアクセスできます。
Sse2	Intel SSE2 ハードウェア命令にアクセスできます。
Sse3	Intel SSE3 ハードウェア命令にアクセスできます。
Sse41	Intel SSE4.1 ハードウェア命令にアクセスできます。
Sse42	Intel SSE4.2 ハードウェア命令にアクセスできます。
Ssse3	Intel SSSE3 ハードウェア命令にアクセスできます。
X86Base	x86 基本ハードウェアの命令にアクセスできます。

■ 基本的な使用法

　各種クラスが用意され、Vector 構造体を基本にして様々な計算処理を提供しています。Vector 構造体もビット長に応じて 64、128、256 と 3 種類が提供されています。

第2章

はじめての
プログラム

まず、簡単なプログラムを使用して説明します。ここでは、一次元配列同士を加算し、結果を一次元配列へ格納するプログラムを例として用います。以降に、プログラムの処理概要を示します。

図2.1●プログラムの処理概要

C# で一般的に記述する場合、for ループを用いて 1 要素ずつ処理します。System.Runtime.Intrinsics クラスや System.Runtime.Intrinsics.X86 クラスを使用すると、一度に複数の要素を処理できます。

本章では、一般的な C# で記述したものと、前記クラスを使用して実装したものを示し、それぞれの違いを理解できるように努めます。

2.1 一般的な C# で記述

　ごく普通に C# で記述したプログラムを示します。float 型配列 a と b の各要素を加算し、float 型の配列 c へ格納します。配列の要素数は 8 とします。以降に、一般的な C# で記述したソースリストを示します。

リスト2.1●01begin¥01AddCs¥Program.cs

```csharp
namespace ConsoleApp
{
    class Program
    {
        static void Main(string[] args)
        {
            float[] a = { 1f, 2f, 3f, 4f, 5f, 6f, 7f, 8f };
            float[] b = { 11f, 12f, 13f, 14f, 15f, 16f, 17f, 18f };
            var c = new float[a.Length];

            for (int i = 0; i < a.Length; i++)
            {
                c[i] = a[i] + b[i];
            }

            for (int i = 0; i < a.Length; i++)
            {
                Console.WriteLine("{0} + {1} = {2}", a[i], b[i], c[i]);
            }
        }
    }
}
```

　for 文を使用し、要素分だけ繰り返します。以降に、実行結果を示します。

```
0 + 10 = 10
1 + 11 = 12
2 + 12 = 14
3 + 13 = 16
```

```
4 + 14 = 18
5 + 15 = 20
6 + 16 = 22
7 + 17 = 24
```

　本例で配列の要素数を 8 としたのは、以降のプログラムを分かりやすくしたかったためです。以降のプログラムは Avx クラスのメソッドを使用します。Avx クラスのメソッドはデータを 256 ビット単位で処理します。float 型（単精度浮動小数点）は 32 ビットなので、256 ÷ 32 = 8 から分かるように、Avx メソッドは一度に要素 8 の配列を処理できます。

2.2　C# のベクトルクラスで記述

　C# でベクトル処理を記述したい場合、System.Runtime.Intrinsics や System.Runtime.Intrinsics.X86 クラスを使用します。これらに、C++ などで用いられるイントリンシックに対応したメソッドが実装されています。そこで、System.Runtime.Intrinsics や System.Runtime.Intrinsics.X86 クラスを使用して、先のプログラムを書き換えたものを示します。Avx クラスのメソッドは 256 ビットで処理するため、float 型なら 8 要素を 1 回の処理で加算できます。以降にソースリストを示します。

リスト2.2●01begin¥02AddAvx¥Program.cs

```csharp
using System.Runtime.Intrinsics;
using System.Runtime.Intrinsics.X86;

namespace ConsoleApp
{
    class Program
    {
        static void Main(string[] args)
        {
            Vector256<float> a = Vector256.Create(1f, 2f, 3f, 4f, 5f, 6f, 7f, 8f);
            Vector256<float> b = Vector256.Create(11f, 12f, 13f, 14f, 15f, 16f,
                                                    ┗ 17f, 18f);
```

```
        var c = Avx.Add(a, b);

        for (int i = 0; i < Vector256<float>.Count; i++)
        {
            Console.WriteLine("{0} + {1} = {2}",
                a.GetElement(i), b.GetElement(i), c.GetElement(i));
        }
    }
  }
}
```

　SIMD命令の一種であるAVX命令（実際は、System.Runtime.Intrinsics.X86.Avxクラスのメソッド）を使用すると、一度に256ビットを処理できます。よって、float型なら8要素を1回で処理できます。

　まず、System.Runtime.Intrinsicsクラスなどを使用するので、

```
using System.Runtime.Intrinsics;
using System.Runtime.Intrinsics.X86;
```

をプログラムの先頭に追加します。

　先のプログラムでは、一次元配列同士の加算にforループを利用し、1つ1つの要素を処理します。ここではAvxクラスのメソッドを利用するため、1回の処理で8要素を処理できます。このためループする必要はありません。以降に、先のプログラムと本プログラムの対応する部分を抜き出して示します。まず、先のプログラムの処理部を示します。

```
for (int i = 0; i < Length; i++)
{
    c[i] = a[i] + b[i];
}
```

対応する、本プログラム部分を示します。

```
var c = Avx.Add(a, b);
```

　先のプログラムは、「c[i] = a[i] + b[i];」を8回実行しますが、本プログラムは1回の「var

c = Avx.Add(a, b);」で 8 要素が処理されます。実行結果は先のプログラムと同じです。

SIMD、AVX、命令、クラス、メソッド

SIMD 命令や AVX 命令と記載している場合がありますが、実際は System.Runtime.Intrinsics.X86 クラスなどのメソッドなどです。本書では、正確さより分かりやすさを優先して表記しています。このため、クラス、メソッド、命令を混在して使用します。

基本的にデータ型などが System.Runtime.Intrinsics クラスで用意され、SIMD命令（AVX、AVX2、SSE2 命令など）は、System.Runtime.Intrinsics.X86 クラスのメソッドで用意されています。

各メソッドなどを説明する時に、AVX 命令や SIMD 命令などと表現する場合があります。正確には、System.Runtime.Intrinsics.X86 クラスに含まれるメソッドなどです。また、命令と表現しますが、正確にはメソッドは SIMD 命令に対応しているわけではなく、C++ のイントリンシックに相当します。

2.3 fixed ステートメント

紹介したプログラムは配列を使用せず Vector256 で変数を宣言しています。これでは配列の宣言が、一般的な C# で記述したものと異なってしまいます。そこで、最初のプログラムと同じように配列を使用する例も示します。以降に、ソースコードを示しますが、一般的な C# で記述したプログラムと異なる主要な部分を示します。

リスト2.3●01begin¥03AddAvxPined¥Program.cs（抜粋）

```csharp
⋮
static unsafe void Main(string[] args)
{
    float[] a = { 1f, 2f, 3f, 4f, 5f, 6f, 7f, 8f };
    float[] b = { 11f, 12f, 13f, 14f, 15f, 16f, 17f, 18f };
    var c = new float[a.Length];

    fixed (float* pa = a)
```

```
    fixed (float* pb = b)
    fixed (float* pc = c)
    {
        var va = Avx.LoadVector256(pa);
        var vb = Avx.LoadVector256(pb);
        var vc = Avx.Add(va, vb);
        Avx.Store(pc, vc);
    }

    for (int i = 0; i < a.Length; i++)
    {
        Console.WriteLine("{0} + {1} = {2}", a[i], b[i], c[i]);
    }
}
    :
```

　本プログラムは fixed ステートメントで、メモリーブロックをピン留めする必要があります。このためメソッドに **unsafe** の指定が必要です。また、ビルドの条件に **unsafe** を指定しなければなりません。具体的なビルドオプションの指定方法については後述します。

　一次元配列 a、b、c の割り付け方法は最初のプログラムと同様です。ただし、それらを System. Runtime.Intrinsics.X86 クラスのメソッドに指定する場合、メモリーブロックがガベージコレクションの対象から外れるようにメモリーブロックをピン留めしなければなりません。処理が終わったら、通常のメモリーと同様の扱いで構わないため、すぐにピン留めのブロックを終了します。

　実際の加算処理は、最初に Avx クラスの LoadVector256(Single*) を使用し、一次元配列 a と b の 8 要素を、それぞれ va と vb へ読み込みます。次に、Avx.Add メソッドで 8 要素を、それぞれ独立して一括加算します。最後に、Avx.Store メソッドで、8 要素の加算結果を一次元配列 c へ保存します。実行結果は先のプログラムと同じです。

2.4 stackalloc ステートメント

メモリーブロックをガベージコレクションの対象外とする方法は、ほかにもあります。それはメモリーブロックをスタックに割り付ける方法です。ここでは、そのような例を紹介します。以降に、変更部分を中心にソースリストを示します。

リスト2.4●01begin¥04AddAvxAlloc¥Program.cs（抜粋）

```
    ⋮
static unsafe void Main(string[] args)
{
    const int dLength = 8;
    float* a = stackalloc float[] { 1f, 2f, 3f, 4f, 5f, 6f, 7f, 8f };
    float* b = stackalloc float[] { 11f, 12f, 13f, 14f, 15f, 16f, 17f, 18f };
    float* c = stackalloc float[dLength];

    var va = Avx.LoadVector256(a);
    var vb = Avx.LoadVector256(b);
    var vc = Avx.Add(va, vb);
    Avx.Store(c, vc);

    for (int i = 0; i < dLength; i++)
    {
        Console.WriteLine("{0} + {1} = {2}", a[i], b[i], c[i]);
    }
}
    ⋮
```

先のプログラム同様、Main メソッドに unsafe が必要です。また、ビルドの条件に unsafe の指定が必要なのも先のプログラムと同様です。

本プログラムは、stackalloc ステートメントでメモリーブロックをスタックに割り付けるため、fixed ステートメントでピン留めする必要はありません。stackalloc ステートメントでスタックにメモリーブロックを割り当てた場合、そのメモリーブロックはガベージコレクションの対象外です。このため、その変数を直接 SIMD のメソッドに指定できます。実行結果は先のプログラムと同じです。

stackalloc ステートメント

　stackalloc ステートメントを使用すると、スタックにメモリーブロックを割り当てることができます。メソッドの実行中に作成された、スタックに割り当てられたメモリーブロックは、そのメソッドが戻るときに自動的に破棄されます。stackalloc ステートメントを使用して割り当てられたメモリーを明示的に解放することはできません。スタックに割り当てられたメモリーブロックは、ガベージコレクションの対象外であり、ステートメントを使用してピン留めする必要はありません。

2.5 stackalloc ステートメントと fixed ステートメントの使い分け

　メモリーブロックを通常の方法で割り付け、処理時にピン留めするか、あるいは stackalloc ステートメントを使用し、スタックにメモリーブロックを割り当てガベージコレクションの対象外にするかは、使用するメモリーのサイズで使い分けると良いでしょう。大きなメモリーをガベージコレクションの対象外にするとメモリーの利用に制限が出るでしょう。かといって頻繁にメモリーをピン留めすると性能低下が懸念されるので、バランス良く使用することを勧めます。基本的には、メモリーブロックを通常の C# で確保し、ピン留めする部分を局所に追い込むのが良いのではないかと思われます。

2.6　C# で SIMD メソッドを利用する手続き

　C# で SIMD メソッドを利用したいときの手続きをまとめます。メモリーブロックをガベージコレクションの対象外にする必要がある場合、unsafe の指定が必要です。例えば、fixed ステートメントを使用する場合や stackalloc ステートメントでメモリーブロックを割り付ける場合です。さらにビルドオプションにも unsafe の指定が必要です。

　プロジェクトのビルドオプションに unsafe を指定する例を Visual Studio 2022 で示します。まず、プロジェクトのプロパティを開きます。そして、「ビルド」→「全般」を開きます。

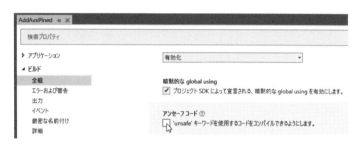

図2.2●プロジェクトのビルドオプション

「ビルド」→「全般」の「アンセーフコード」のチェックボックスへチェックを付けます。

図2.3●「アンセーフコード」をチェック

　既に説明済みですが、メモリーブロックをガベージコレクションの対象外とする方法は2つあります。

　最初の方法は、stackalloc ステートメントを使用し、メモリーブロックをスタックに割り付ける方法です。スタックに割り付けられたメモリーブロックはガベージコレクションの対象外であり、メモリーブロックをピン留めする必要はありません。スタックに割り当てられたメモリーブロックは、そのメソッドを抜けるときに自動的に破棄されます。stackalloc ステートメントを使用して割り当てられたメモリーは、明示的に解放することはできません。

　もう 1 つの方法は fixed ステートメントで、メモリーブロックをガベージコレクターにより移動されることを防ぐ方法です。fixed ステートメントは、fixed コンテキストでのみ許可されます。fixed ステートメントは、マネージド変数へのポインターを設定し、式の実行中にその変数を「固定」します。

　移動可能なマネージド変数へのポインターは、fixed コンテキストでのみ有効です。fixed コンテキストがない場合、ガベージコレクションによって変数が予期せず移動される可能性があります。C# コンパイラでは、fixed ステートメントでマネージド変数へのポインターを割り当てることだけができます。fixed ステートメント内のコードが終了すると、固定された変数は固定を解除され、ガベージコレクションの対象になります。そのため、fixed ステートメントの外側ではこれらの変数を参照してはなりません。fixed ステートメントで宣言された変数は、その式にスコープされるので、この処理が簡単になります。

　fixed ステートメントで初期化されたポインターは読み取り専用変数です。ポインター値を変更するには、2 つ目のポインター変数を宣言し、宣言したポインターを変更して使用する必要があります。fixed ステートメントで宣言された変数は変更できません。

2.7　Sse メソッドと Avx2 メソッド

　SIMD 命令に対応した C# のメソッドは、各命令体系に分離されたクラスに実装されています。例えば 128 ビットを一括で扱うメソッドは、Sse クラスなどに実装されています。また、256 ビットの処理は double と float（あるいは、Double と Single と表現）は Avx クラスへ、ほかの Int32 や Byte などのデータ型は Avx2 クラスに実装されています。データ型によってクラスが異なるのは若干使いづらいです。せっかく C# を使いますので、クラス分けせず抽象化した方が利用者には優しかったのではないかと感じます（C++ のイントリンシックのような実装）。ただ、実行できるメソッドと実行できないメソッドを明確に分離したい意味もあって、クラス分けされている可能性もあります。

■ Sse メソッドの例

　2.2 節「C# のベクトルクラスで記述」で紹介したプログラムを Sse メソッドで書き直したものを示します。Sse メソッドを使用するので、一度に処理できる要素数は Avx メソッドの半分になります。以降に、ソースリストを示します。

リスト2.5●01begin¥05AddSse¥

```
using System.Runtime.Intrinsics;
using System.Runtime.Intrinsics.X86;

namespace ConsoleApp
{
    class Program
    {
        static void Main(string[] args)
        {
            Vector128<float> a = Vector128.Create(1f, 2f, 3f, 4f);
            Vector128<float> b = Vector128.Create(11f, 12f, 13f, 14f);

            var c = Sse.Add(a, b);

            for (int i = 0; i < Vector128<float>.Count; i++)
            {
                Console.WriteLine("{0} + {1} = {2}",
                    a.GetElement(i), b.GetElement(i), c.GetElement(i));
            }
        }
    }
}
```

Vector256<float> が Vector128<float> に変わり、要素数が8から4へ変わります。また、加算処理が Avx.Add から Sse.Add へ変わります。ほかは、先のプログラムと同様です。以降に、実行結果を示します。

```
1 + 11 = 12
2 + 12 = 14
3 + 13 = 16
4 + 14 = 18
```

■ Avx2 メソッドの例

　同様に 2.2 節「C# のベクトルクラスで記述」で紹介したプログラムを Avx2 メソッドで書き直したものを示します。先の例では float の配列を処理しました。Avx メソッドでは int 型などを処理できません。そこで、ここでは int 型の配列を Avx2 メソッドで処理する例を示します。

リスト2.6●01begin¥06AddAvx2¥

```
using System.Runtime.Intrinsics;
using System.Runtime.Intrinsics.X86;

namespace ConsoleApp
{
    class Program
    {
        static void Main(string[] args)
        {
            Vector256<int> a = Vector256.Create(1, 2, 3, 4, 5, 6, 7, 8);
            Vector256<int> b = Vector256.Create(11, 12, 13, 14, 15, 16, 17, 18);

            var c = Avx2.Add(a, b);

            for (int i = 0; i < Vector256<int>.Count; i++)
            {
                Console.WriteLine("{0} + {1} = {2}",
                    a.GetElement(i), b.GetElement(i), c.GetElement(i));
            }
        }
    }
}
```

　Vector256<float> が Vector256<int> に変わり、初期化のリテラルから "f" が消え、整数値に変わります。また、加算処理が Avx.Add から Avx2.Add へ変わります。ほかは、先のプログラムと同様です。実行結果は、先の例と同じなので省略します。表示は同じですが、先のプログラムは float で、今回のプログラムは int 型のデータを扱います。このようにデータ型で使用するクラスを変更する必要があります。

2.8　使用できるクラスの判断

　搭載している CPU が、どのような SIMD メソッドをサポートしているか判断するプログラムを紹介します。各クラスの IsSupported を使用します。ソースリストは次の通りです。

リスト2.7●01begin¥11IsSupported¥

```
using System.Runtime.Intrinsics.X86;

namespace IsSupported
{
    class Program
    {
        static void Main(string[] args)
        {
            const string sptd = "supported.";
            const string nSptd = "not supported.";

            Console.WriteLine("SSE   " + (Sse.IsSupported ? sptd : nSptd));
            Console.WriteLine("SSE2  " + (Sse2.IsSupported ? sptd : nSptd));
            Console.WriteLine("SSE3  " + (Sse3.IsSupported ? sptd : nSptd));
            Console.WriteLine("SSSE3 " + (Ssse3.IsSupported ? sptd : nSptd));
            Console.WriteLine("SSE41 " + (Sse41.IsSupported ? sptd : nSptd));
            Console.WriteLine("SSE42 " + (Sse42.IsSupported ? sptd : nSptd));
            Console.WriteLine("AVX   " + (Avx.IsSupported ? sptd : nSptd));
            Console.WriteLine("AVX2  " + (Avx2.IsSupported ? sptd : nSptd));
        }
    }
}
```

　各クラスの IsSupported で搭載 CPU がサポートするクラスを表示します。以降に、いくつかの実行例を示します。

（1）Intel Core i5-6600 CPU 3.30GHzで実行

```
SSE   supported.
SSE2  supported.
```

```
SSE3  supported.
SSSE3 supported.
SSE41 supported.
SSE42 supported.
AVX   supported.
AVX2  supported.
```

(2) Intel Core i5-4300U CPU @ 1.90GHz

```
SSE   supported.
SSE2  supported.
SSE3  supported.
SSSE3 supported.
SSE41 supported.
SSE42 supported.
AVX   supported.
AVX2  supported.
```

比較的古い CPU でも AVX2 命令をサポートしています。

　いろいろな CPU を搭載したパソコンを手持ちでなかったため、Intel SDE（Intel Software Development Emulator）を利用してプログラムを確認します。Intel SDE は、ソフトウェア開発者向けに米国インテル社から公開されているプロセッサーエミュレーターです。詳しい使用方法については、Intel SDE 公式サイト（https://software.intel.com/content/www/us/en/develop/articles/intel-software-development-emulator.html）を参照してください。-help コマンドを指定すると、サポートプロセッサーを確認できます。いくつかのプロセッサーをエミュレートしてプログラムを動作させた結果を以下に示します。

(3) Nehalem CPUをエミュレート

```
C:¥>sde -nhm -- IsSupported.exe
SSE   supported.
SSE2  supported.
SSE3  supported.
SSSE3 supported.
SSE41 supported.
SSE42 supported.
```

```
AVX   not supported.
AVX2  not supported.
```

（4）Pentium4 Prescott CPUをエミュレート

```
C:\>sde -p4p -- IsSupported.exe
SSE    supported.
SSE2   supported.
SSE3   supported.
SSSE3  not supported.
SSE41  not supported.
SSE42  not supported.
AVX    not supported.
AVX2   not supported.
```

　かなり古いCPUを搭載したパソコンでは、ベクトル命令を試すのは困難であることが分かります。ただ、一般的に考えると、このようなCPUを搭載したパソコンを開発環境に用いている人は、ほぼ現在は存在しないだろうと想像します。

■ CpuId を利用する

　もう少し詳細なCPU情報を表示するプログラムも示します。X86Base.CpuId メソッドを使用し、各レジスターに返される値から、より詳細な情報を表示します。ここでは、ごく一部の情報を表示しますが、各レジスターの値から、細かい情報を表示することも可能です。

リスト2.8●01begin\12Cpuid\

```
using System.Runtime.Intrinsics.X86;

namespace ConsoleApp
{
    class Program
    {
        [Flags]
        private enum _ECX       // CpuId(1, 0)
        {
            AVX = (1 << 28),
            SSE42 = (1 << 20),
```

```
        SSE41 = (1 << 19),
        SSSE3 = (1 << 9),
        SSE3 = (1)
    }

    [Flags]
    private enum _EDX        // CpuId(1, 0)
    {
        SSE2 = (1 << 26),
        SSE = (1 << 25),
        MMX = (1 << 23)
    }

    [Flags]
    private enum _EBX        // CpuId(7, 0)
    {
        AVX2 = (1 << 5),
        AVX512F = (1 << 16)
    }

    static void dipsFeatures(string str, bool bit)
    {
        Console.WriteLine(str + (bit ? "supported." : "not supported."));


    }

    static void Main(string[] args)
    {
        int eax, ebx, ecx, edx;
        (eax, _, _, _) = X86Base.CpuId(0, 0);
        //Console.WriteLine("CpuId(0, 0) = EAX:{0:X8}", eax);
        if (eax >= 1)
        {
            (_, _, ecx, edx) = X86Base.CpuId(1, 0);
            //Console.WriteLine("CpuId(1, 0) = ECX:{0:X8}, EDX:{1:X8}", ecx, edx);
            _EDX _edx = (_EDX)edx;
            dipsFeatures("MMX     ", _edx.HasFlag(_EDX.MMX));
            dipsFeatures("SSE     ", _edx.HasFlag(_EDX.SSE));
            dipsFeatures("SSE2    ", _edx.HasFlag(_EDX.SSE2));
```

```
                _ECX _ecx = (_ECX)ecx;
                dipsFeatures("SSE3    ", _ecx.HasFlag(_ECX.SSE3));
                dipsFeatures("SSSE3   ", _ecx.HasFlag(_ECX.SSSE3));
                dipsFeatures("SSE41   ", _ecx.HasFlag(_ECX.SSE41));
                dipsFeatures("SSE42   ", _ecx.HasFlag(_ECX.SSE42));
                dipsFeatures("AVX     ", _ecx.HasFlag(_ECX.AVX));
            }
            if (eax >= 7)
            {
                (_, ebx, _, _) = X86Base.CpuId(7, 0);
                //Console.WriteLine("CpuId(7, 0) = EBX:{0:X8}", ebx);
                _EBX _ebx = (_EBX)ebx;
                dipsFeatures("AVX2    ", _ebx.HasFlag(_EBX.AVX2));
                dipsFeatures("AVX512F ", _ebx.HasFlag(_EBX.AVX512F));
            }
        }
    }
}
```

　X86Base.CpuId メソッドを利用し、CPU 情報をレジスターで受け取ります。まず、引数に (0、0) を与え、X86Base.CpuId メソッドがサポートしている上限を取得します。サポートの上限が 1 以上であれば、X86Base.CpuId(1, 0) を呼び出し、MMX、SSE、SSE2、SSE3、SSSE3、SSE41、SSE42、そして AVX をサポートしているか判断し、その状況を表示します。サポートの上限が 7 以上であれば、X86Base.CpuId(7, 0) を呼び出し、AVX2 と AVX512F のサポート状況を表示します。レジスターの値を受け取れるため、詳細な情報を表示できますが、本プログラムでは代表的な情報表示に留めました。以降に、いくつかの実行例を示します。

（1）Intel Core i5-6600 CPU 3.30GHzで実行

```
MMX     supported.
SSE     supported.
SSE2    supported.
SSE3    supported.
SSSE3   supported.
SSE41   supported.
SSE42   supported.
AVX     supported.
AVX2    supported.
AVX512F not supported.
```

（2）Intel Core i5-4300U CPU @ 1.90GHz

```
MMX     supported.
SSE     supported.
SSE2    supported.
SSE3    supported.
SSSE3   supported.
SSE41   supported.
SSE42   supported.
AVX     supported.
AVX2    supported.
AVX512F not supported.
```

　こちらも、いろいろな CPU を搭載したパソコンを手持ちでなかったため、Intel SDE（Intel Software Development Emulator）を利用してプロセッサーをエミュレートします。

（3）Ice Lake CPUをエミュレート

```
C:\>sde -icx -- Cpuid.exe
MMX     supported.
SSE     supported.
SSE2    supported.
SSE3    supported.
SSSE3   supported.
SSE41   supported.
SSE42   supported.
AVX     supported.
AVX2    supported.
AVX512F supported.
```

（4）Skylake CPUをエミュレート

```
C:\>sde -skl -- Cpuid.exe
MMX     supported.
SSE     supported.
SSE2    supported.
SSE3    supported.
SSSE3   supported.
SSE41   supported.
```

```
SSE42    supported.
AVX      supported.
AVX2     supported.
AVX512F not supported.
```

Ice Lake CPU では AVX-512 が利用できることが観察できます。

2.9　アライメント

　System.Runtime.Intrinsics.X86 クラスを使用してデータを処理する場合、アライメントされたアドレスを使用すると高速に処理できます。例えば、2.4 節「stackalloc ステートメント」のプログラムを例にすると、以下のコード

```
var va = Avx.LoadVector256(a);
var vb = Avx.LoadVector256(b);
```

を次のコード

```
var va = Avx.LoadAlignedVector256(a);
var vb = Avx.LoadAlignedVector256(b);
```

へ書き換えると、速度向上が期待できます。

　ただし、Avx.LoadAlignedVector256 の引数は SIMD 命令が要求するアドレス境界にアライメントされている必要があります。Avx.LoadVector256 メソッドは SIMD 命令の VMOVUPS へ、Avx.LoadAlignedVector256 メソッドは SIMD 命令の VMOVAPS へ対応しています。

　ベクトル処理を目的としたプログラム（アセンブリ言語、C 言語、そして C++ 言語で開発する場合）では、メモリーブロックを割り付けるときに先頭アドレスを特定のアライメントへ揃えるのは一般的です。しかし、C# ではメモリーブロックの先頭アドレスのアライメントを揃えるのは一般的ではありません。かつ、ガベージコレクターが動作するため、Avx.LoadAlignedVector256 メソッドなどの先頭アドレスのアライメントを意識することは一般的ではないでしょう。ただ、データ長に関しては使用する SIMD メソッドのデータ長に揃えることは意識しておく必要があります。

　ちなみに、2.4 節「stackalloc ステートメント」で紹介したプログラムの Avx.LoadVector256 メソッドを Avx.LoadAlignedVector256 へ書き換えると、動作が不安定になります（System. AccessViolationException 発生）。動作するときは、たまたま先頭アドレスが VMOVAPS の要求するアドレス境界に割り付けられた時で、動作しない場合は VMOVAPS の要求するアドレス境界に割り付けられていないと考えられます。

第3章

各メソッド

本章では、各メソッドを機能別に分類して解説します。膨大な数のメソッドが存在するため、代表的なメソッドを抜粋して説明します。大量のメソッドが存在するため、紹介できたメソッドはごく一部です。ただ、ほかのメソッドを理解できるように各種のメソッド群を網羅するとともに、使い方を示すサンプルプログラムも用意します。これによって、紹介できなかったメソッドの用法も想像できるでしょう。なお、メソッドに対応する C++ のイントリンシック名や SIMD 命令も示します。

3.1 算術演算系メソッド

加減算をはじめ、乗除算や平方根を求めるメソッドを説明します。

■ 加算系メソッド

加算系のメソッドを紹介します。

Avx.Add

パックド倍精度浮動小数点値を加算します。指定された2つのパックド倍精度浮動小数点の全

要素を、それぞれ加算します。

構文

```
Vector256<double> Add (Vector256<double> a, Vector256<double> b);
```

引数

a   パックド倍精度浮動小数点（Double 値）ベクトル。

b   パックド倍精度浮動小数点（Double 値）ベクトル。

戻り値

加算の結果。

動作

2 つのパックド倍精度浮動小数点の全要素を加算します。

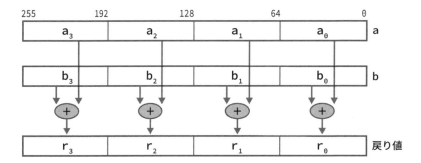

対応するイントリンシック

```
__m256d _mm256_add_pd(__m256d a, __m256d b);
```

対応する命令

VADDPD

サンプル

Avx.Add メソッドを使用したサンプルプログラムと実行結果を示します。

リスト3.1●02arithmetics¥01Add¥

```
using System.Runtime.Intrinsics;
using System.Runtime.Intrinsics.X86;

namespace ConsoleApp
{
```

```
    class Program
    {
        static void Main(string[] args)
        {
            Vector256<Double> a = Vector256.Create(1.0, 2.0, 3.0, 4.0);
            Vector256<Double> b = Vector256.Create(1.1, 2.2, 3.3, 4.4);

            var c = Avx.Add(a, b);

            //Console.Write("{0,5:f} ", c);
            for (int i = 0; i < Vector256<Double>.Count; i++)
            {
                Console.Write("{0,5:f1} ", c.GetElement(i));
            }
        }
    }
}
```

実行結果を次に示します。1つの Avx.Add メソッドで 4 つの要素が独立して加算されています。

```
 2.1   4.2   6.3   8.4
```

Avx2.Add

パックド 32 ビット整数値を加算します。指定された 2 つのパックド 32 ビット整数の全要素を、それぞれ加算します。

構文

```
Vector256<int> Add (Vector256<int> a, Vector256<int> b);
```

引数

a　　　パックド 32 ビット整数（Int32 値）ベクトル。

b　　　パックド 32 ビット整数（Int32 値）ベクトル。

戻り値

加算の結果。

動作

2つのパックド32ビット整数値の全要素を加算します。

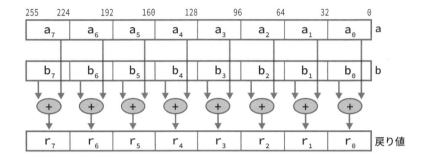

対応するイントリンシック

__m256i _mm256_add_epi32 (__m256i a, __m256i b)

対応する命令

VPADDD

サンプル

Avx2.Add メソッドを使用したサンプルプログラムと実行結果を示します。

リスト3.2●02arithmetics¥02Add2¥

```csharp
using System.Runtime.Intrinsics;
using System.Runtime.Intrinsics.X86;

namespace ConsoleApp
{
    class Program
    {
        static unsafe void Main(string[] args)
        {
            var a = stackalloc Int32[] { 1, 2, 3, 4, 5, 6, 7, 8 };
            var b = stackalloc Int32[] { 9, 10, 11, 12, 13, 14, 15, 16 };
            var c = stackalloc Int32[Vector256<Int32>.Count];

            var va = Avx.LoadVector256(a);
            var vb = Avx.LoadVector256(b);
            var vc = Avx2.Add(va, vb);
            Avx.Store(c, vc);
```

```
                for (int i = 0; i < Vector256<Int32>.Count; i++)
                {
                    Console.Write("{0} ", c[i]);
                }

            }
        }
    }
```

　1つの Avx2.Add メソッドで8つの要素が独立して加算されます。この例では、配列を stackalloc でスタックに割り付けます。以降に、実行結果を示します。

```
10 12 14 16 18 20 22 24
```

Avx2.AddSaturate

　パックド16ビット整数値を飽和加算します。指定された2つのパックド16ビット整数の全要素を、それぞれ加算し、結果を飽和させます。

構文

```
Vector256<short> AddSaturate (Vector256<short> a, Vector256<short> b);
```

引数

a　　　パックド16ビット整数（Int16値）ベクトル。
b　　　パックド16ビット整数（Int16値）ベクトル。

戻り値

　加算し飽和させた結果。

対応するイントリンシック

__m256i _mm256_adds_epi16 (__m256i a, __m256i b)

対応する命令

VPADDSW

サンプル

　Avx2.AddSaturate メソッドを使用したサンプルプログラムと実行結果を示します。

リスト3.3●02arithmetics¥03AddSaturate¥（抜粋）

```
    ⋮
Vector256<short> a = Vector256.Create(1, 2, 3, 4, 5, 6, 7, 8, 9, 10, 11, 12,
                                          └ 13, 14, -32768, -16);
Vector256<short> b = Vector256.Create(1, 2, 3, 4, 5, 6, 7, 8, 9, 10, 11, 12,
                                          └ 13, 14, -15, -32768);

var c = Avx2.AddSaturate(a, b);
    ⋮
```

　1 つの Avx2.AddSaturate メソッドで 16 個の要素が独立して加算されます。結果は符号付き 16 ビット整数に飽和されます。実行結果を次に示します。

```
2 4 6 8 10 12 14 16 18 20 22 24 26 28 -32768 -32768
```

　最後の 2 要素を参照すると分かるように、加算結果が符号付き 16 ビット整数値へ飽和されているのが分かります。

Avx.AddSubtract

　パックド単精度浮動小数点値を加減算します。32 ビット単精度浮動小数の集合であるパックド単精度浮動小数の加算と減算を行うメソッドです。奇数位置の要素を加算し、偶数位置の要素を減算します。

構文

```
Vector256<float> AddSubtract (Vector256<float> a, Vector256<float> b);
```

引数

a　　　パックド単精度浮動小数点（Single 値）ベクトル。
b　　　パックド単精度浮動小数点（Single 値）ベクトル。

戻り値

　加減算の結果。

動作

２つのパックド単精度浮動小数点の全要素を加減算します。

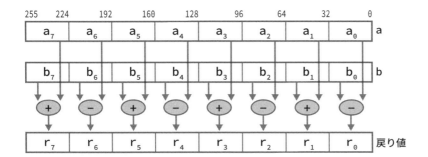

対応するイントリンシック

__m256 _mm256_addsub_ps (__m256 a, __m256 b)

対応する命令

VADDSUBPS

サンプル

サンプルプログラムと実行結果を示します。

リスト3.4●02arithmetics¥04AddSubtract¥（抜粋）

```
⋮
Vector256<Single> a = Vector256.Create(1.0f, 2.0f, 3.0f, 4.0f, 5.0f, 6.0f,
                                          ┗ 7.0f, 8.0f);
Vector256<Single> b = Vector256.Create(1.1f, 2.2f, 3.3f, 4.4f, 5.5f, 6.6f,
                                          ┗ 7.7f, 8.8f);

var c = Avx.AddSubtract(a, b);
⋮
```

１つの Avx.AddSubtract メソッドで８つの要素を加減算します。実行結果を次に示します。

```
-0.1 4.2 -0.3 8.4 -0.5 12.6 -0.7 16.8
```

Avx.HorizontalAdd

2つのパックド倍精度浮動小数点の全要素を、それぞれ水平加算します。

構文

```
Vector256<double> HorizontalAdd (Vector256<double> a, Vector256<double> b);
```

引数

a   パックド倍精度浮動小数点（Double 値）ベクトル。

b   パックド倍精度浮動小数点（Double 値）ベクトル。

戻り値

水平加算の結果。

動作

2つのパックド倍精度浮動小数点を水平加算します。

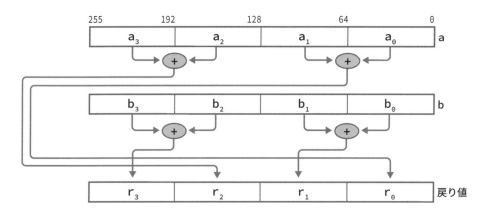

対応するイントリンシック

__m256d _mm256_hadd_pd (__m256d a, __m256d b)

対応する命令

VHADDPD

サンプル

サンプルプログラムと実行結果を示します。

リスト3.5●02arithmetics¥05HorizontalAdd¥（抜粋）

```
  ⋮
Vector256<Double> a = Vector256.Create(1.0, 2.0, 3.0, 4.0);
Vector256<Double> b = Vector256.Create(1.1, 2.2, 3.3, 4.4);

var c = Avx.HorizontalAdd(a, b);
  ⋮
```

以降に、実行結果を示します。

```
3.0 3.3 7.0 7.7
```

■ 乗除算系メソッド

いくつかの乗算や除算を行うメソッドを紹介します。

Avx.Multiply

パックド倍精度浮動小数点値を乗算します。指定された2つのパックド倍精度浮動小数点の全
要素を、それぞれ乗算します。

構文

```
Vector256<double> Multiply (Vector256<double> a, Vector256<double> b);
```

引数

a　　　パックド倍精度浮動小数点（Double 値）ベクトル。

b　　　パックド倍精度浮動小数点（Double 値）ベクトル。

戻り値

乗算の結果。

動作

2つのパックド倍精度浮動小数点の全要素を加算します。

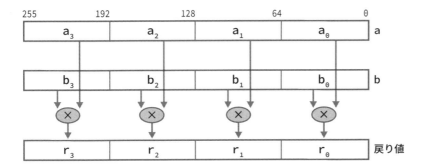

対応するイントリンシック

__m256d _mm256_mul_pd (__m256d a, __m256d b)

対応する命令

VMULPD

サンプル

サンプルプログラムと実行結果を示します。

リスト3.6●02arithmetics¥06Multiply¥

```
using System.Runtime.Intrinsics;
using System.Runtime.Intrinsics.X86;

namespace ConsoleApp
{
    class Program
    {
        static void Main(string[] args)
        {
            Vector256<Double> a = Vector256.Create(1.0, 2.0, 3.0, 4.0);
            Vector256<Double> b = Vector256.Create(1.1, 2.2, 3.3, 4.4);

            var c = Avx.Multiply(a, b);

            for (int i = 0; i < Vector256<Double>.Count; i++)
            {
                Console.Write("{0,5:f1} ", c.GetElement(i));
```

```
            }
        }
    }
}
```

実行結果を次に示します。一度に 4 つの要素が独立して乗算されます。

```
 1.1   4.4   9.9  17.6
```

Avx.Divide

パックド倍精度浮動小数点値を除算します。指定された 2 つのパックド倍精度浮動小数点の全要素を、それぞれ除算します。

構文

```
Vector256<double> Divide (Vector256<double> a, Vector256<double> b);
```

引数

a　　　　パックド倍精度浮動小数点（Double 値）ベクトル。

b　　　　パックド倍精度浮動小数点（Double 値）ベクトル。

戻り値

除算の結果。

動作

2 つのパックド倍精度浮動小数点の全要素を除算します。

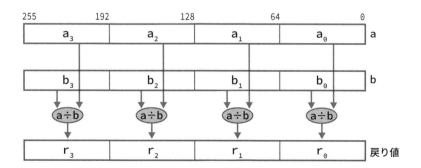

__m256d _mm256_div_pd (__m256d a, __m256d b)

対応する命令

VDIVPD

サンプル

サンプルプログラムと実行結果を示します。

リスト3.7●02arithmetics¥07Divide¥（抜粋）

```
　⋮
Vector256<Double> a = Vector256.Create(1.0, 2.0, 3.0, 4.0);
Vector256<Double> b = Vector256.Create(1.1, 2.2, 3.3, 4.4);

var c = Avx.Divide(a, b);
　⋮
```

実行結果を次に示します。一度に4つの要素が独立して除算されます。

```
  0.909091    0.909091    0.909091    0.909091
```

■ その他の演算系メソッド

加算や乗除算系以外の演算系メソッドを紹介します。

Avx.Sqrt

パックド倍精度浮動小数点値の平方根を計算します。

構文

```
Vector256<double> Sqrt (Vector256<double> a);
```

引数

a　　　　パックド倍精度浮動小数点（Double 値）ベクトル。

戻り値

平方根演算の結果。

3

動作

パックド倍精度浮動小数点値の平方根を計算します。

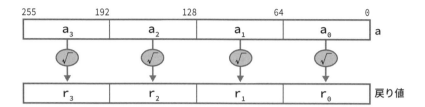

対応するイントリンシック

__m256d _mm256_sqrt_pd (__m256d a)

対応する命令

VSQRTPD

サンプル

サンプルプログラムと実行結果を示します。

リスト3.8●02arithmetics¥08Sqrt¥

```
  ⋮
Vector256<Double> a = Vector256.Create(1.0, 2.0, 3.0, 4.0);

var c = Avx.Sqrt(a);
  ⋮
```

実行結果を次に示します。一度に4つの要素の平方根を求めます。

```
   1.000000    1.414214    1.732051    2.000000
```

Avx.ReciprocalSqrt

パックド単精度浮動小数点値の平方根の逆数の近似値を計算します。

構文

```
Vector256<float> ReciprocalSqrt (Vector256<float> a);
```

引数

a   パックド単精度浮動小数点（Single 値）ベクトル。

戻り値

平方根の逆数演算の結果。

動作

パックド単精度浮動小数点値の平方根の逆数を計算します。

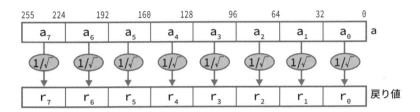

対応するイントリンシック

__m256 _mm256_rsqrt_ps (__m256 a)

対応する命令

VRSQRTPS

サンプル

サンプルプログラムと実行結果を示します。

リスト3.9●02arithmetics¥09ReciprocalSqrt¥

```
⋮
Vector256<Single> a = Vector256.Create(1.0f, 2.0f, 3.0f, 4.0f, 5.0f, 6.0f, 7.0f, 8.0f);

var c = Avx.ReciprocalSqrt(a);
⋮
```

実行結果を次に示します。一度に8つの要素の平方根の逆数を求めます。

```
0.999756   0.706909   0.577271   0.499878   0.447144   0.408203   0.377930   0.353455
```

3.2 ビット単位演算系メソッド

論理積などビット単位演算のメソッドを説明します。

Avx2.And

指定された2つのパックド符号なし32ビット整数の全要素を、それぞれ論理積します。

構文

```
Vector256<uint> And (Vector256<uint> a, Vector256<uint> b);
```

引数

a   パックド符号なし32ビット整数（UInt32値）ベクトル。

b   パックド符号なし32ビット整数（UInt32値）ベクトル。

戻り値

ビット単位演算の結果。

動作

2つのパックド符号なし32ビット整数の全要素を論理積します。

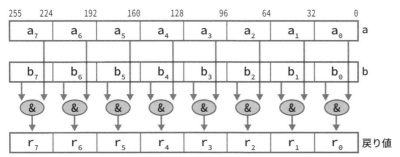

注）&：論理積

対応するイントリンシック

```
__m256i _mm256_and_si256 (__m256i a, __m256i b)
```

対応する命令

VPAND

サンプルプログラムと実行結果を示します。

リスト3.10●03Bit¥01And¥

```
using System.Runtime.Intrinsics;
using System.Runtime.Intrinsics.X86;

namespace ConsoleApp
{
    class Program
    {
        static void Main(string[] args)
        {
            Vector256<UInt32> a = Vector256.Create(
                        └ 0xaaaaaaaau, 0x77777777u, 0x59595959u, 0x59595959u,
                        0x59595959u, 0x59595959u, 0x59595959u, 0x59595959u);
            Vector256<UInt32> b = Vector256.Create(
                        └ 0x88888888u, 0xffffffffu, 0x95959595u, 0x95959595u,
                        0x95959595u, 0x95959595u, 0x95959595u, 0x95959595u);

            var c = Avx2.And(a, b);

            for (int i = 0; i < Vector256<UInt32>.Count; i++)
            {
                Console.Write("{0:X8} ", c.GetElement(i));
            }
        }
    }
}
```

以降に、実行結果を示します。

```
88888888 77777777 11111111 11111111 11111111 11111111 11111111 11111111
```

Avx2.AndNot

指定された 2 つのパックド符号なし 32 ビット整数値の全要素を、それぞれ否定論理積します。

構文

```
Vector256<uint> AndNot (Vector256<uint> a, Vector256<uint> b);
```

引数

a　　　パックド符号なし 32 ビット整数値（UInt32 値）ベクトル。

b　　　パックド符号なし 32 ビット整数値（UInt32 値）ベクトル。

戻り値

ビット単位演算の結果。

動作

2 つのパックド符号なし 32 ビット整数を AND NOT（否定論理積）演算します。

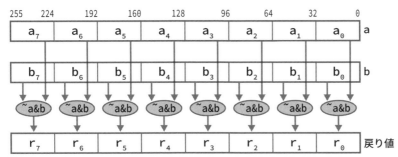

注）&：論理積、~：論理否定

対応するイントリンシック

__m256i _mm256_andnot_si256 (__m256i a, __m256i b)

対応する命令

VPANDN

サンプル

サンプルプログラムの一部と実行結果を示します。

リスト3.11●03Bit¥02AndNot¥（抜粋）

```
⋮
Vector256<UInt32> a = Vector256.Create(
                          └ 0x59595959u, 0x59595959u, 0x59595959u, 0x59595959u,
                            0x59595959u, 0x59595959u, 0x59595959u, 0x59595959u);
Vector256<UInt32> b = Vector256.Create(
                          └ 0x95959595u, 0x95959595u, 0x95959595u, 0x95959595u,
                            0x95959595u, 0x95959595u, 0x95959595u, 0x95959595u);

var c = Avx2.AndNot(a, b);
⋮
```

以降に、実行結果を示します。

```
84848484 84848484 84848484 84848484 84848484 84848484 84848484 84848484
```

Avx2.Or

指定された 2 つのパックド符号なし 32 ビット整数値の全要素を、それぞれ論理和します。

構文

```
Vector256<uint> Or (Vector256<uint> a, Vector256<uint> b);
```

引数

a　　　パックド符号なし 32 ビット整数値（UInt32 値）ベクトル。

b　　　パックド符号なし 32 ビット整数値（UInt32 値）ベクトル。

戻り値

ビット単位演算の結果。

動作

２つのパックド符号なし 32 ビット整数の全要素を論理和します。

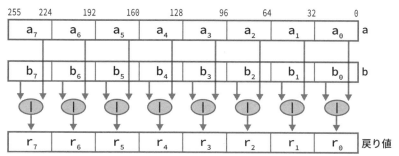

注）｜：論理和

対応するイントリンシック

__m256i _mm256_or_si256 (__m256i a, __m256i b)

対応する命令

VPOR

サンプル

サンプルプログラムの一部と実行結果を示します。

リスト3.12●03Bit¥03Bit¥03Or¥（抜粋）

```
  ⋮
Vector256<UInt32> a = Vector256.Create(
                    ┗ 0x59595959u, 0x59595959u, 0x59595959u, 0x59595959u,
                      0x59595959u, 0x59595959u, 0x59595959u, 0x59595959u);
Vector256<UInt32> b = Vector256.Create(
                    ┗ 0x95959595u, 0x95959595u, 0x95959595u, 0x95959595u,
                      0x95959595u, 0x95959595u, 0x95959595u, 0x95959595u);

var c = Avx2.Or(a, b);
  ⋮
```

以降に、実行結果を示します。

DDDDDDDD DDDDDDDD DDDDDDDD DDDDDDDD DDDDDDDD DDDDDDDD DDDDDDDD DDDDDDDD

Avx2.Xor

指定された 2 つのパックド符号なし 32 ビット整数値の全要素を、それぞれ排他的論理和します。

```
Vector256<uint> Xor (Vector256<uint> a, Vector256<uint> b);
```

引数

a パックド符号なし 32 ビット整数値（UInt32 値）ベクトル。
b パックド符号なし 32 ビット整数値（UInt32 値）ベクトル。

戻り値

ビット単位演算の結果。

動作

2 つのパックド符号なし 32 ビット整数の全要素を排他的論理和します。

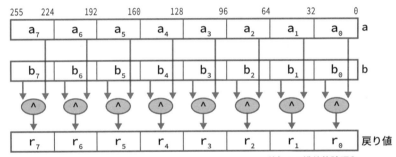

注）^：排他的論理和

対応するイントリンシック

`__m256i _mm256_xor_si256 (__m256i a, __m256i b)`

対応する命令

VPXOR

サンプル

サンプルプログラムの一部と実行結果を示します。

リスト3.13●03Bit¥04Xor¥（抜粋）

```
    ⋮
Vector256<UInt32> a = Vector256.Create(
                          └ 0x59595959u, 0x59595959u, 0x59595959u, 0x59595959u,
                            0x59595959u, 0x59595959u, 0x59595959u, 0x59595959u);
Vector256<UInt32> b = Vector256.Create(
                          └ 0x95959595u, 0x95959595u, 0x95959595u, 0x95959595u,
                            0x95959595u, 0x95959595u, 0x95959595u, 0x95959595u);

var c = Avx2.Xor(a, b);
    ⋮
```

以降に、実行結果を示します。

```
CCCCCCCC CCCCCCCC CCCCCCCC CCCCCCCC CCCCCCCC CCCCCCCC CCCCCCCC CCCCCCCC
```

Avx2.ShiftRightLogical

パックド 32 ビット整数値を指定ビット数だけ論理右シフトします。

構文

```
Vector256<int> ShiftRightLogical (Vector256<int> a, byte count);
```

引数

a　　　　パックド 32 ビット整数値（Int32 値）ベクトル。

count　　シフト数。

戻り値

論理右ビットシフトの結果。

動作

パックド 32 ビット整数値を指定ビット数だけ論理右シフトします。

対応するイントリンシック

__m256i _mm256_srli_epi32 (__m256i a, int imm8)

対応する命令

VPSRLD

サンプルプログラムの一部と実行結果を示します。

リスト3.14●03Bit¥05ShiftLR¥（抜粋）

```
  ⋮
Vector256<Int32> a = Vector256.Create(1, 2, -1, -32768, 1, 2, 3, 4);

var c = Avx2.ShiftRightLogical(a, 1);

for (int i = 0; i < Vector256<Int32>.Count; i++)
{
    Console.WriteLine("{0,10} (0x{0:X8}) ", c.GetElement(i), c.GetElement(i));
}
  ⋮
```

以降に、実行結果を示します。

```
         0 (0x00000000)
         1 (0x00000001)
2147483647 (0x7FFFFFFF)
2147467264 (0x7FFFC000)
         0 (0x00000000)
         1 (0x00000001)
         1 (0x00000001)
         2 (0x00000002)
```

Avx2.ShiftRightArithmetic

パックド 32 ビット整数値を指定ビット数だけ算術右シフトします。

構文

```
Vector256<int> ShiftRightArithmetic (Vector256<int> a, byte count);
```

引数

a パックド 32 ビット整数値（Int32 値）ベクトル。

count シフト数。

戻り値

算術右ビットシフトの結果。

動作

パックド 32 ビット整数値を指定ビット数だけ算術右シフトします。

対応するイントリンシック

```
__m256i _mm256_srai_epi32 (__m256i a, int imm8)
```

対応する命令

VPSRAD

サンプル

サンプルプログラムの一部と実行結果を示します。

リスト3.15●03Bit¥06ShiftRA¥（抜粋）

```
    ⋮
Vector256<Int32> a = Vector256.Create(1, 2, -1, -32768, 1, 2, 3, 4);

var c = Avx2.ShiftRightArithmetic(a, 1);

for (int i = 0; i < Vector256<Int32>.Count; i++)
{
    Console.WriteLine("{0,10} (0x{0:X8}) ", c.GetElement(i), c.GetElement(i));
}
    ⋮
```

以降に、実行結果を示します。

```
     0 (0x00000000)
     1 (0x00000001)
    -1 (0xFFFFFFFF)
-16384 (0xFFFFC000)
     0 (0x00000000)
     1 (0x00000001)
     1 (0x00000001)
     2 (0x00000002)
```

3.3 条件付き混合または条件付きマージ系メソッド

条件付き混合または条件付きマージ系メソッドを説明します。

Avx.Blend

パックド倍精度浮動小数点の条件付き混合、または条件付きマージを行います。

構文

```
Vector256<double> Blend(Vector256<double> a, Vector256<double> b, const int imm8);
```

引数

a　　　　パックド倍精度浮動小数点（Double 値）ベクトル。

b　　　　パックド倍精度浮動小数点（Double 値）ベクトル。

imm8　　演算のマスク定数（Byte 値）。

戻り値

マージまたは混合操作の結果。

動作

imm8 のビット値に応じて、パックド倍精度浮動小数点ベクトルの 4 つの倍精度浮動小数点要素をマージします。imm8 は、整数定数を指定します。imm8 の [3:0] は、結果ベクトルにコピーするソースベクトルの要素を指定します。imm8 のビット値が「1」の場合、2 番目のソースベクトルの対応する要素が結果ベクトルにコピーされます。ビット値が「0」の場合、1 番目のソースベクトルの対応する要素が結果ベクトルにコピーされます。つまり、この関数を使用すると、2 つのソースベクトルの要素をマージまたは混合できます。

対応するイントリンシック

```
__m256d _mm256_blend_pd (__m256d a, __m256d b, const int imm8)
```

対応する命令

VBLENDPD

サンプル

サンプルプログラムと実行結果を示します。

リスト3.16●04BlendMerge¥01Blend¥

```
using System.Runtime.Intrinsics;
using System.Runtime.Intrinsics.X86;

namespace ConsoleApp
{
    class Program
    {
        static void Main(string[] args)
        {
            Vector256<Double> a = Vector256.Create(1.0, 2.0, 3.0, 4.0);
            Vector256<Double> b = Vector256.Create(5.0, 6.0, 7.0, 8.0);

            var c = Avx.Blend(a, b, 0x05);

            for (int i = 0; i < Vector256<Double>.Count; i++)
            {
                Console.Write("{0:f1} ", c.GetElement(i));
            }
        }
    }
}
```

以降に、実行結果を示します。

```
5.0 2.0 7.0 4.0
```

Avx.Blend メソッドに指定した、1 番目のソースベクトルは a です。2 番目のソースベクトルは b です。これらの値を表に示します。

a	1.0, 2.0, 3.0, 4.0
b	5.0, 6.0, 7.0, 8.0

imm8 の値をビット並びで示すと

imm8 [3:0]	0101b

です。

imm8 のビット値が「0」の場合、1 番目のソースベクトルの対応する要素が、「1」の場合、2番目のソースベクトルの対応する要素が結果ベクトルにコピーされます。a と b は下位順に示し、imm8 の値は左側が MSB、右側が LSB です。両方で上位下位が逆になっている点に気を付けて値を観察してください。

Avx.BlendVariable

パックド倍精度浮動小数点の条件付き混合、または条件付きマージを行います。

構文

```
Vector256<double> BlendVariable (Vector256<double> a,
                                 Vector256<double> b,
                                 Vector256<double> mask);
```

引数

a   パックド倍精度浮動小数点（Double 値）ベクトル。

b   パックド倍精度浮動小数点（Double 値）ベクトル。

mask   演算のマスク定数（Double 値）。

戻り値

マージまたは混合操作の結果。

動作

mask の最上位ビット値に応じて、パックド倍精度浮動小数点ベクトルの 4 つの倍精度浮動小数点要素をマージします。mask の対応する倍精度浮動小数点要素の最上位ビット値が「1」の場合、2 番目のソースベクトルの対応する要素が結果ベクトルにコピーされます。最上位のビット値が「0」の場合、1 番目のソースベクトルの対応する要素が結果ベクトルにコピーされます。つまり、この関数を使用すると、2 つのソースベクトルの要素をマージまたは混合できます。

対応するイントリンシック

`__m256d _mm256_blendv_pd (__m256d a, __m256d b, __m256d mask)`

対応する命令

VBLENDVPD

サンプル

サンプルプログラムと実行結果を示します。

リスト3.17●04BlendMerge¥02BlendVariable¥

```
    ⋮
Vector256<Double> a = Vector256.Create(1.0, 2.0, 3.0, 4.0);
Vector256<Double> b = Vector256.Create(5.0, 6.0, 7.0, 8.0);
Vector128<Int32> _m = Vector128.Create(0, 1 << 31, 0, 1 << 31);

Vector256<Double> m = Avx.ConvertToVector256Double(_m);

var c = Avx.BlendVariable(a, b, m);
    ⋮
```

以降に、実行結果を示します。

```
1.0 6.0 3.0 8.0
```

Avx.BlendVariable メソッドに指定した、1 番目のソースベクトルは a です。2 番目のソースベクトルは b です。これらの値を表に示します。

| a | 1.0, 2.0, 3.0, 4.0 |
| b | 5.0, 6.0, 7.0, 8.0 |

mask の値を 8 バイト単位の 16 進数で示すと

| mask | 0x80-----00, 0x00-----00, 0x80-----00, 0x00-----00 |

です。mask の各倍精度浮動小数点の最上位ビット値が「0」の場合、1 番目のソースベクトルの対応する要素が、「1」の場合、2 番目のソースベクトルの対応する要素が結果ベクトルにコピーされます。

3.4 ベクトル比較系メソッド

ベクトルの比較を行うメソッドを説明します。

Avx.Compare

パックド倍精度浮動小数点要素を比較します。

構文

```
Vector256<double> Compare (Vector256<double> a,
                           Vector256<double> b,
                           FloatComparisonMode mode);
```

引数

a   パックド倍精度浮動小数点（Double 値）ベクトル。

b   パックド倍精度浮動小数点（Double 値）ベクトル。

mode   パックド値の比較の種類を指定する即値オペランド。

mode	説明
0x00	a の要素＝b の要素ならば真
0x01	a の要素＜b の要素ならば真
0x02	a の要素 ≦ b の要素ならば真
0x03	a の要素と b の要素が非順序対であれば真
0x04	a の要素＝b の要素でなければ真
0x05	a の要素＜b の要素でなければ真
0x06	a の要素 ≦ b の要素でなければ頁
0x07	a の要素と b の要素が順序対であれば真

戻り値

比較演算の結果。

動作

　1 番目のパックド倍精度浮動小数点と 2 番目のパックド倍精度浮動小数点の各要素を比較します。mode は、パックド値の各ペアに対して実行する比較の種類を指定します。

対応するイントリンシック

__m256d _mm256_cmp_pd (__m256d a, __m256d b, const int imm8)

対応する命令

VCMPPD

サンプル

サンプルプログラムと実行結果を示します。

リスト3.18●05Compare¥01Compare¥

```csharp
using System.Runtime.Intrinsics;
using System.Runtime.Intrinsics.X86;

namespace ConsoleApp
{
    class Program
    {
        private enum fcm
        {
            EQ    = 0x00,   //Dの要素＝Sの要素ならば真
            LT    = 0x01,   //Dの要素＜Sの要素ならば真
            LE    = 0x02,   //Dの要素≦Sの要素ならば真
            UNORD = 0x03,   //Dの要素とSの要素が非順序対であれば真
            NE    = 0x04,   //Dの要素＝Sの要素でなければ真
            NLT   = 0x05,   //Dの要素＜Sの要素でなければ真
            NLE   = 0x06,   //Dの要素≦Sの要素でなければ頁
            ORD   = 0x07    //Dの要素とSの要素が順序対であれば真
        }

        static void Main(string[] args)
        {
            Vector256<Double> a = Vector256.Create(1.0, 12.0, 3.0, 14.0);
            Vector256<Double> b = Vector256.Create(5.0, 6.0, 7.0, 8.0);

            var c = Avx.Compare(a, b, (FloatComparisonMode)fcm.LT);

            for (int i = 0; i < Vector256<Double>.Count; i++)
            {
                Console.Write("{0} ", c.GetElement(i) == 0 ? "false" : "true");
            }
```

```
        }
    }
}
```

以降に、実行結果を示します。

```
true false true false
```

Avx.CompareLessThan

パックド倍精度浮動小数点要素を比較します。

構文

```
Vector256<double> CompareLessThan (Vector256<double> a, Vector256<double> b);
```

引数

a   パックド倍精度浮動小数点（Double 値）ベクトル。

b   パックド倍精度浮動小数点（Double 値）ベクトル。

戻り値

比較演算の結果。

動作

1 番目のパックド倍精度浮動小数点と 2 番目のパックド倍精度浮動小数点の各要素を比較します。先の Avx.Compare メソッドの FloatComparisonMode に LT（= 0x01）を指定しているのと等価です。本メソッドは、Avx.Compare メソッドのオーバーロードで、FloatComparisonMode の指定が不要です。

対応するイントリンシック

Avx.Compare メソッドと同じ

対応する命令

Avx.Compare メソッドと同じ

サンプル

サンプルプログラムと実行結果を示します。

> **リスト3.19●05Compare¥02CompareLT¥（抜粋）**

```
  ⋮
Vector256<Double> a = Vector256.Create(1.0, 12.0, 3.0, 14.0);
Vector256<Double> b = Vector256.Create(5.0, 6.0, 7.0, 8.0);

var c = Avx.CompareLessThan(a, b);
  ⋮
```

以降に、実行結果を示します。

```
true false true false
```

Avx.Compare メソッドの FloatComparisonMode の指定が不要なオーバーロードは多数存在します。例えば、Avx.CompareEqual メソッド、Avx.CompareGreaterThan メソッド、Avx.CompareGreaterThanOrEqual メソッド、Avx.CompareLessThanOrEqual メソッドなどです。FloatComparisonMode へ対応した多数のオーバーロードが存在します。

Avx2.CompareEqual

パックド 32 ビット整数要素を比較します。

構文

```
Vector256<int> CompareEqual (Vector256<int> a, Vector256<int> b);
```

引数

a　　　パックド 32 ビット整数（Int32 値）ベクトル。
b　　　パックド 32 ビット整数（Int32 値）ベクトル。

戻り値

比較演算の結果。

動作

1 番目のパックド 32 ビット整数と 2 番目のパックド 32 ビット整数の各要素が同じであるか比較します。データ型が Int32 なので Avx2 クラスを使用します。

対応するイントリンシック

```
__m256i _mm256_cmpeq_epi32 (__m256i a, __m256i b)
```

VPCMPEQD

サンプル

サンプルプログラムと実行結果を示します。

リスト3.20●05Compare¥03CompareEqual¥ (抜粋)

```
  ⋮
Vector256<int> a = Vector256.Create(1, 12, 3, 14, 5, 6, 7, 8);
Vector256<int> b = Vector256.Create(1, 2, 3, 4, 15, 6, 17, 8);

var c = Avx2.CompareEqual(a, b);
  ⋮
```

以降に、実行結果を示します。

```
true false true false false true false true
```

Avx2.CompareGreaterThan

パックド 64 ビット整数要素を比較します。

構文

```
Vector256<long> CompareGreaterThan (Vector256<long> a, Vector256<long> b);
```

引数

a　　　パックド 64 ビット整数 (Int64 値) ベクトル。

b　　　パックド 64 ビット整数 (Int64 値) ベクトル。

戻り値

比較演算の結果。

動作

1 番目のパックド 64 ビット整数と 2 番目のパックド 64 ビット整数の各要素を比較します。

対応するイントリンシック

__m256i _mm256_cmpgt_epi64 (__m256i a, __m256i b)

対応する命令

VPCMPGTQ

サンプル

サンプルプログラムと実行結果を示します。

リスト3.21●05Compare¥04CompareGT¥（抜粋）

```
  ⋮
Vector256<Int64> a = Vector256.Create(1, 12, 3, 14);
Vector256<Int64> b = Vector256.Create(5, 6, 7, 8);

var c = Avx2.CompareGreaterThan(a, b);
  ⋮
```

以降に、実行結果を示します。

```
false true false true
```

3.5　変換系メソッド

変換系メソッドを説明します。

Avx.ConvertToVector256Double（Vector128<Int32>）

パックド整数値をパックド倍精度浮動小数点値に型変換します。ソースの 4 個の 32 ビット整数の集合であるパックド整数を、デスティネーションの 4 個のパックド倍精度浮動小数点に変換します。

構文

```
Vector256<double> ConvertToVector256Double (Vector128<int> a);
```

引数

a　　　パックド 32 ビット整数（Int32 値）ベクトル。

戻り値

変換操作の結果。

動作

パックド整数値をパックド倍精度浮動小数点値に型変換します。

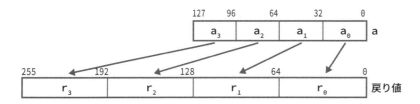

対応するイントリンシック

__m256d _mm256_cvtepi32_pd (__m128i a)

対応する命令

VCVTDQ2PD

サンプル

サンプルプログラムと実行結果を示します。

リスト3.22●06Convert¥01Cvtepi32_pd¥

```csharp
using System.Runtime.Intrinsics;
using System.Runtime.Intrinsics.X86;

namespace ConsoleApp
{
    class Program
    {
        static void Main(string[] args)
        {
            Vector128<Int32> a = Vector128.Create(1, 2, 3, 4);

            var c = Avx.ConvertToVector256Double(a);

            Console.WriteLine(c);
        }
```

```
    }
}
```

以降に、実行結果を示します。

```
<1, 2, 3, 4>
```

Avx.ConvertToVector128Single

　パックド倍精度浮動小数点値をパックド単精度浮動小数点値に型変換します。ソースの 4 個の
パックド倍精度浮動小数点を、デスティネーションの 4 個のパックド単精度浮動小数点に変換し
ます。

構文

```
Vector128<float> ConvertToVector128Single (Vector256<double> a);
```

引数

a　　　パックド倍精度浮動小数点値（Double 値）ベクトル。

戻り値

変換操作の結果。

動作

パックド倍精度浮動小数点値をパックド単精度浮動小数点値に型変換します。

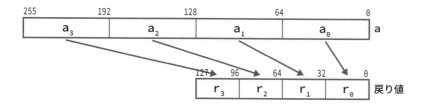

対応するイントリンシック

```
__m128 _mm256_cvtpd_ps (__m256d a)
```

対応する命令

VCVTPD2PS

サンプルプログラムと実行結果を示します。

リスト3.23●06Convert¥02Cvtpd_ps¥

```
⋮
Vector256<Double> a = Vector256.Create(1.0, 2.0, 3.0, 4.0);

var c = Avx.ConvertToVector128Single(a);
⋮
```

以降に、実行結果を示します。

```
<1, 2, 3, 4>
```

Avx.ConvertToVector256Double（Vector128<Single>）

パックド単精度浮動小数点値をパックド倍精度浮動小数点値に型変換します。ソースの4個の
パックド単精度浮動小数点を、デスティネーションの4個のパックド倍精度浮動小数点に変換し
ます。

構文

```
Vector256<double> ConvertToVector256Double (Vector128<float> a);
```

引数

a　　　　パックド単精度浮動小数点値（Single 値）ベクトル。

戻り値

変換操作の結果。

動作

パックド単精度浮動小数点値をパックド倍精度浮動小数点値に型変換します。

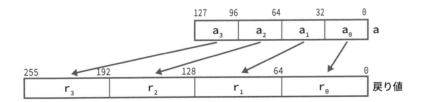

3

対応するイントリンシック

```
__m256d _mm256_cvtps_pd (__m128 a)
```

対応する命令

VCVTPS2PD

サンプル

サンプルプログラムと実行結果を示します。

リスト3.24●06Convert¥03Cvtps_pd¥

```
⋮
Vector128<Single> a = Vector128.Create(1.0f, 2.0f, 3.0f, 4.0f);

var c = Avx.ConvertToVector256Double(a);
⋮
```

以降に、実行結果を示します。

```
<1, 2, 3, 4>
```

Avx.ConvertToVector256Int32

パックド単精度浮動小数点値をパックド整数値に型変換します。ソースの 8 個の単精度浮動小数点を、デスティネーションの 8 個のパックド 32 ビット整数に変換します。

構文

```
Vector256<int> ConvertToVector256Int32 (Vector256<float> a);
```

引数

a　　　パックド単精度浮動小数点（Single 値）ベクトル。

戻り値

変換操作の結果。

パックド倍精度浮動小数点値をパックド整数値に型変換します。

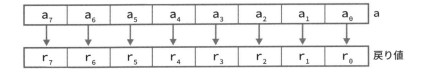

a_7	a_6	a_5	a_4	a_3	a_2	a_1	a_0	a

r_7	r_6	r_5	r_4	r_3	r_2	r_1	r_0	戻り値

対応するイントリンシック

```
__m256i _mm256_cvtps_epi32 (__m256 a)
```

対応する命令

VCVTPS2DQ

サンプル

サンプルプログラムと実行結果を示します。

リスト3.25●06Convert¥04Cvtps_epi32¥

```
  ⋮
Vector256<Single> a = Vector256.Create(1f, 2f, 3f, 4f, 5f, 6f, 7f, 8f);

var c = Avx.ConvertToVector256Int32(a);
  ⋮
```

以降に、実行結果を示します。

```
<1, 2, 3, 4, 5, 6, 7, 8>
```

Avx.ConvertToVector128Int32

　パックド倍精度浮動小数点値をパックド整数値に型変換します。ソースの4個のパックド倍精度浮動小数点を、デスティネーションの32ビット整数の集合である4個のパックド整数に変換します。

構文

```
Vector128<int> ConvertToVector128Int32 (Vector256<double> a);
```

3

引数

a　　　　パックド倍精度浮動小数点値（Double 値）ベクトル。

戻り値

変換操作の結果。

動作

パックド倍精度浮動小数点値をパックド整数値に型変換します。

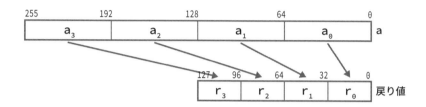

対応するイントリンシック

```
__m128i _mm256_cvtpd_epi32 (__m256d a)
```

対応する命令

VCVTPD2DQ

サンプル

サンプルプログラムと実行結果を示します。

リスト3.26●06Convert¥05Cvtpd_epi32¥

```
 ⋮
Vector256<Double> a = Vector256.Create(1.0, 2.0, 3.0, 4.0);

var c = Avx.ConvertToVector128Int32(a);
 ⋮
```

以降に、実行結果を示します。

```
<1, 2, 3, 4>
```

3.6 最大値と最小値を特定するメソッド

最大値と最小値を特定するメソッドを説明します。

Avx.Min

パックド倍精度浮動小数点値の小さな値を特定します。指定された2つのパックド倍精度浮動小数点の対応する要素から、小さな値をデスティネーションへ格納します。

構文

```
Vector256<double> Min (Vector256<double> a, Vector256<double> b);
```

引数

a　　　パックド倍精度浮動小数点（Double 値）ベクトル。
b　　　パックド倍精度浮動小数点（Double 値）ベクトル。

戻り値

比較演算で得られた値。

動作

パックド倍精度浮動小数点値の小さな値を特定します。

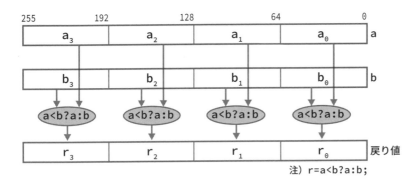

対応するイントリンシック

```
__m256d _mm256_min_pd (__m256d a, __m256d b)
```

対応する命令

```
VMINPD
```

Avx.Max

パックド倍精度浮動小数点値の大きな値を特定します。指定された 2 つのパックド倍精度浮動小数点の対応する要素から、大きな値をデスティネーションへ格納します。

構文

```
Vector256<double> Max (Vector256<double> a, Vector256<double> b);
```

引数

a	パックド倍精度浮動小数点（Double 値）ベクトル。
b	パックド倍精度浮動小数点（Double 値）ベクトル。

戻り値

比較演算で得られた値。

動作

パックド倍精度浮動小数点値の大きな値を特定します。

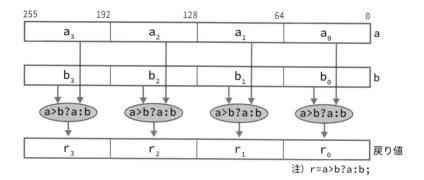

注) r=a>b?a:b;

対応するイントリンシック

`__m256d _mm256_max_pd (__m256d a, __m256d b)`

対応する命令

VMAXPD

サンプル

Avx.Min メソッドと Avx.Max メソッドの両方を含む、サンプルプログラムと実行結果を示します。

リスト3.27●07MinMax¥01MinMaxPd¥

```csharp
using System.Runtime.Intrinsics;
using System.Runtime.Intrinsics.X86;

namespace ConsoleApp
{
    class Program
    {
        static void Main(string[] args)
        {
            Vector256<Double> a = Vector256.Create(1.0, 12.0, 3.0, 14.0);
            Vector256<Double> b = Vector256.Create(5.0, 6.0, 7.0, 8.0);

            var min = Avx.Min(a, b);
            var max = Avx.Max(a, b);

            Console.WriteLine("min: " + min.ToString());
            Console.WriteLine("max: " + max.ToString());
        }
    }
}
```

以降に、実行結果を示します。

```
min: <1, 6, 3, 8>
max: <5, 12, 7, 14>
```

Avx2.Min

パックド32ビット整数値の小さな値を特定します。指定された2つのパックド32ビット整数の対応する要素から、小さな値をデスティネーションへ格納します。データの型が整数値なのでAvx2クラスのメソッドを利用します。

構文

```csharp
Vector256<int> Min (Vector256<int> a, Vector256<int> b);
```

引数

a　　　パックド 32 ビット整数（Int32 値）ベクトル。

b　　　パックド 32 ビット整数（Int32 値）ベクトル。

戻り値

比較演算で得られた値。

動作

パックド 32 ビット整数値の小さな値を特定します。

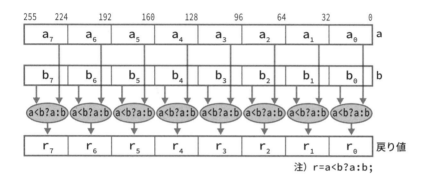

注) r=a<b?a:b;

対応するイントリンシック

__m256i _mm256_min_epi32 (__m256i a, __m256i b)

対応する命令

VPMINSD

Avx2.Max

パックド 32 ビット整数値の大きな値を特定します。指定された 2 つのパックド 32 ビット整数の対応する要素から、大きな値をデスティネーションへ格納します。データの型が整数値なので Avx2 クラスのメソッドを利用します。

構文

```
Vector256<int> Max (Vector256<int> a, Vector256<int> b);
```

引数

a　　　パックド 32 ビット整数（Int32 値）ベクトル。

b　　　パックド 32 ビット整数（Int32 値）ベクトル。

比較演算で得られた値。

動作

パックド 32 ビット整数値の大きな値を特定します。

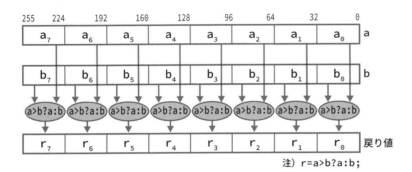

注）r=a>b?a:b;

対応するイントリンシック

```
__m256i _mm256_max_epi32 (__m256i a, __m256i b)
```

対応する命令

VPMAXSD

サンプル

Avx2.Min メソッドと Avx2.Max メソッドの両方を含む、サンプルプログラムと実行結果を示します。

リスト3.28●07MinMax¥02MinMaxUInt32¥（抜粋）

```
  ⋮
Vector256<UInt32> a = Vector256.Create(1u, 12, 3, 14, 5, 16, 7, 18);
Vector256<UInt32> b = Vector256.Create(11u, 2, 13, 4, 15, 6, 17, 8);

var min = Avx2.Min(a, b);
var max = Avx2.Max(a, b);
  ⋮
```

以降に、実行結果を示します。

```
min: <1, 2, 3, 4, 5, 6, 7, 8>
max: <11, 12, 13, 14, 15, 16, 17, 18>
```

3.7 その他の操作系メソッド

特定の範疇に入らないメソッドを説明します。

Avx.ExtractVector128

256 ビットのパックド整数から 128 ビットのパックド整数を抽出します。どの位置から抽出するか、インデックスで与えます。

構文

```
Vector128<int> ExtractVector128 (Vector256<int> value, byte index);
```

引数

a　　　　パックド 32 ビット整数（Int32 値）ベクトル。

index　　抽出場所を示すインデックス。

戻り値

抽出操作の結果。

動作

256 ビットのパックド整数から 128 ビットのパックド整数を抽出します。

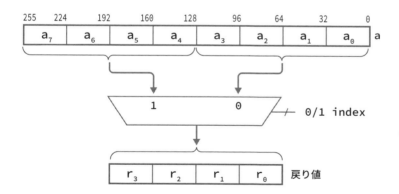

対応するイントリンシック

```
__m128i _mm256_extractf128_si256 (__m256i a, const int index)
```

対応する命令

```
VEXTRACTF128
```

サンプルプログラムと実行結果を示します。

リスト3.29●08Others¥01ExtractVector128¥

```
using System.Runtime.Intrinsics;
using System.Runtime.Intrinsics.X86;

namespace ConsoleApp
{
    class Program
    {
        static void Main(string[] args)
        {
            Vector256<Int32> a = Vector256.Create(1, 2, 3, 4, 5, 6, 7, 8);

            var c = Avx.ExtractVector128(a, 1);

            Console.WriteLine(c);
        }
    }
}
```

以降に、実行結果を示します。

```
<5, 6, 7, 8>
```

Avx.InsertVector128

256ビットのパックド整数へ128ビットのパックド整数を挿入します。どの位置へ挿入するか、インデックスで与えます。

構文

```
Vector256<int> InsertVector128 (Vector256<int> value,
                                Vector128<int> data,
                                byte index);
```

引数

a	256 ビットパックド 32 ビット整数（Int32 値）ベクトル。
b	128 ビットパックド 32 ビット整数（Int32 値）ベクトル。
index	挿入場所を示すインデックス。

戻り値

挿入操作の結果。

動作

256 ビットのパックド整数へ 128 ビットのパックド整数を挿入します。

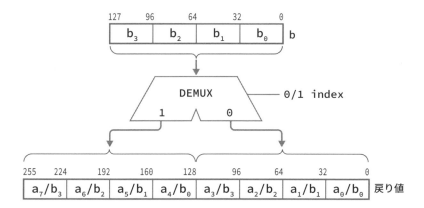

対応するイントリンシック

```
__m256i _mm256_insertf128_si256 (__m256i a, __m128i b, int index)
```

対応する命令

```
VINSERTF128
```

サンプル

サンプルプログラムと実行結果を示します。

リスト3.30●08Others¥02InsertVector128¥

```
    ⋮
Vector256<Int32> a = Vector256.Create(1, 2, 3, 4, 5, 6, 7, 8);
Vector128<Int32> b = Vector128.Create(11, 12, 13, 14);

var c = Avx.InsertVector128(a, b, 1);
    ⋮
```

以降に、実行結果を示します。

```
<1, 2, 3, 4, 11, 12, 13, 14>
```

Avx.DuplicateEvenIndexed

256 ビットのパックド倍精度浮動小数点の、インデックスが偶数の倍精度浮動小数点値を複製します。

構文

```
Vector256<double> DuplicateEvenIndexed (Vector256<double> a);
```

引数

a　　パックド倍精度浮動小数点値（Double 値）ベクトル。

戻り値

複製操作の結果。

動作

インデックスが偶数の倍精度浮動小数点値を複製します。

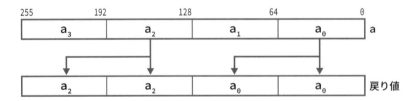

対応するイントリンシック

__m256d _mm256_movedup_pd (__m256d a)

対応する命令

VMOVDDUP

サンプル

サンプルプログラムと実行結果を示します。

リスト3.31●08Others¥03DuplicateEvenIndexed¥

```
     ⋮
Vector256<Double> a = Vector256.Create(1.0, 2.0, 3.0, 4.0);

var c = Avx.DuplicateEvenIndexed(a);
     ⋮
```

以降に、実行結果を示します。

```
<1, 1, 3, 3>
```

Avx.RoundToNearestInteger

パックド倍精度浮動小数点値を最も近い整数値に丸めます。

構文

```
Vector256<double> RoundToNearestInteger (Vector256<double> a);
```

引数

a　　　パックド倍精度浮動小数点値（Double 値）ベクトル。

戻り値

丸め操作の結果。

動作

パックド倍精度浮動小数点の要素を最も近い整数値に丸めます。

対応するイントリンシック

```
__m256d _mm256_round_pd (__m256d a,
                         _MM_FROUND_TO_NEAREST_INT | _MM_FROUND_NO_EXC)
```

対応する命令

VROUNDPD

サンプル

サンプルプログラムと実行結果を示します。

リスト3.32●08Others¥04Round¥

```
⋮
Vector256<Double> a = Vector256.Create(1.11, -2.55, 3.66, -4.11);

var c = Avx.RoundToNearestInteger(a);
⋮
```

以降に、実行結果を示します。

```
<1, -3, 4, -4>
```

Avx.Ceiling

パックド倍精度浮動小数点値を最も近い整数値へ切り上げます。

構文

```
Vector256<double> Ceiling (Vector256<double> a);
```

引数

a   パックド倍精度浮動小数点値（Double 値）ベクトル。

戻り値

丸め操作の結果。

動作

パックド倍精度浮動小数点の要素を最も近い整数値へ切り上げます。

対応するイントリンシック

__m256d _mm256_ceil_pd (__m256d a)

対応する命令

VROUNDPD

サンプル

サンプルプログラムと実行結果を示します。

リスト3.33●08Others¥05Ceiling¥

```
⋮
Vector256<Double> a = Vector256.Create(1.11, -2.55, 3.66, -4.11);

var c = Avx.Ceiling(a);
⋮
```

以降に、実行結果を示します。

```
<2, -2, 4, -4>
```

Avx.Floor

パックド倍精度浮動小数点値を最も近い整数値へ切り捨てます。

構文

```
Vector256<double> Floor (Vector256<double> a);
```

引数

a　　パックド倍精度浮動小数点値（Double 値）ベクトル。

戻り値

丸め操作の結果。

動作

パックド倍精度浮動小数点の要素を最も近い整数値へ切り捨てます。

対応するイントリンシック

__m256d _mm256_floor_pd (__m256d a)

対応する命令

VROUNDPD

サンプル

サンプルプログラムと実行結果を示します。

リスト3.34●08Others¥06Floor¥

```
 ⋮
Vector256<Double> a = Vector256.Create(1.11, -2.55, 3.66, -4.11);

var c = Avx.Floor(a);
 ⋮
```

以降に、実行結果を示します。

```
<1, -3, 3, -5>
```

Avx.Permute

パックド倍精度浮動小数点を、デスティネーションのパックド倍精度浮動小数点へ並び替えて格納します。

構文

```
Vector256<double> Permute (Vector256<double> a, byte control);
```

引数

a　　　　　パックド倍精度浮動小数点値（Double 値）ベクトル。

control　　8 ビットの整数。下位 4 ビットに制御フィールドが含まれます。

戻り値

並べ替えが行われた結果。

動作

パックド倍精度浮動小数点を並び替えます。

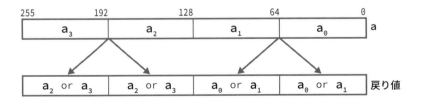

動作が少し複雑なので、擬似コードで示します。

```
if (control[0] == 0) DEST[63:0]    = SRC1[63:0]
if (control[0] == 1) DEST[63:0]    = SRC1[127:64]
if (control[1] == 0) DEST[127:64]  = SRC1[63:0]
if (control[1] == 1) DEST[127:64]  = SRC1[127:64]
if (control[2] == 0) DEST[191:128] = SRC1[191:128]
if (control[2] == 1) DEST[191:128] = SRC1[255:192]
if (control[3] == 0) DEST[255:192] = SRC1[191:128]
if (control[3] == 1) DEST[255:192] = SRC1[255:192]
```

対応するイントリンシック

```
__m256d _mm256_permute_pd (__m256d a, int control)
```

対応する命令

```
VPERMILPD
```

サンプル

サンプルプログラムと実行結果を示します。

リスト3.35●08Others¥10Permute¥

```
︙
Vector256<Double> a = Vector256.Create(1.0, 2.0, 3.0, 4.0);

var c = Avx.Permute(a, 0x02);
︙
```

以降に、実行結果を示します。

```
<1, 2, 3, 3>
```

Avx.PermuteVar

パックド倍精度浮動小数点を、デスティネーションのパックド倍精度浮動小数点へ並び替えて格納します。シャッフル制御の対応する要素の下位ビット 1 の制御フィールドでソースのパックド倍精度浮動小数点値を並べ替えます。結果はデスティネーション・ベクトルに格納されます。Avx.Permute メソッドと異なるのは、control の型が Byte からパックド 64 ビット整数へ変わる点です。

構文

```
Vector256<double> PermuteVar (Vector256<double> a, Vector256<long> control);
```

引数

a	パックド倍精度浮動小数点値（Double 値）ベクトル。
control	パックド 64 ビット整数（Int64 値）ベクトル。対応する要素の下位ビット 1 で並び替えを指定する。

戻り値

並べ替えが行われた結果。

動作

パックド倍精度浮動小数点を並び替えます。

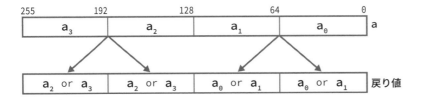

動作が少し複雑なので、擬似コードで示します。

```
if (control[1]   == 0) DEST[63:0]    = SRC1[63:0]
if (control[1]   == 1) DEST[63:0]    = SRC1[127:64]
if (control[65]  == 0) DEST[127:64]  = SRC1[63:0]
if (control[65]  == 1) DEST[127:64]  = SRC1[127:64]
if (control[129] == 0) DEST[191:128] = SRC1[191:128]
if (control[129] == 1) DEST[191:128] = SRC1[255:192]
if (control[193] == 0) DEST[255:192] = SRC1[191:128]
if (control[193] == 1) DEST[255:192] = SRC1[255:192]
```

対応するイントリンシック

__m256d _mm256_permutevar_pd (__m256d a, __m256i control)

対応する命令

VPERMILPD

サンプル

サンプルプログラムと実行結果を示します。

リスト3.36●08Others¥11PermuteVar¥

```
  ⋮
Vector256<Double> a = Vector256.Create(1.0, 2.0, 3.0, 4.0);
Vector256<Int64> s = Vector256.Create(0, 0, 0, 0x02);

var c = Avx.PermuteVar(a, s);
  ⋮
```

以降に、実行結果を示します。

```
<1, 1, 3, 4>
```

Avx.Permute2x128

2つのパックド倍精度浮動小数点を、デスティネーションのパックド倍精度浮動小数点へ並び替えて格納します。並び替えの単位は128ビット、つまり2つのパックド倍精度浮動小数点を対にして並び替えます。また、デスティネーションの値をゼロにすることも可能です。

構文

```
Vector256<double> Permute2x128 (Vector256<double> a, Vector256<double> b,
                                                     byte control);
```

引数

a	パックド倍精度浮動小数点値（Double値）ベクトル。
b	パックド倍精度浮動小数点値（Double値）ベクトル。
control	8ビットの整数。

並べ替えが行われた結果。

パックド倍精度浮動小数点を並び替えます。

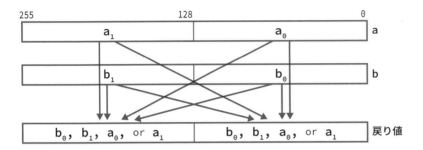

動作が少し複雑なので、擬似コードで示します。

```
switch(control[1:0] )
{
    case 0: DEST[127:0]   = SRC1[127:0]
    case 1: DEST[127:0]   = SRC1[255:128]
    case 2: DEST[127:0]   = SRC2[127:0]
    case 3: DEST[127:0]   = SRC2[255:128]
}
switch(control[5:4] )
{
    case 0: DEST[255:128] = SRC1[127:0]
    case 1: DEST[255:128] = SRC1[255:128]
    case 2: DEST[255:128] = SRC2[127:0]
    case 3: DEST[255:128] = SRC2[255:128]
}
if (control[3]) DEST[127:0]   = 0
if (control[7]) DEST[255:128] = 0
```

__m256d _mm256_permute2f128_pd (__m256d a, __m256d b, int control)

VPERM2F128

サンプル

サンプルプログラムと実行結果を示します。

リスト3.37●08Others¥12Permute2x128¥

```
  ⋮
Vector256<Double> a = Vector256.Create(1.0, 2.0, 3.0, 4.0);
Vector256<Double> b = Vector256.Create(11.0, 12.0, 13.0, 14.0);

var c = Avx.Permute2x128(a, b, 0x02);
Console.WriteLine(c);

c = Avx.Permute2x128(a, b, 0x0A);
Console.WriteLine(c);

c = Avx.Permute2x128(a, b, 0x21);
Console.WriteLine(c);
  ⋮
```

以降に、実行結果を示します。

```
<11, 12, 1, 2>
<0, 0, 1, 2>
<3, 4, 11, 12>
```

Avx.Shuffle

2つのパックド倍精度浮動小数点をシャッフルし、パックド倍精度浮動小数点へ格納します。2つのパックド倍精度浮動小数点要素のいずれかを、結果ベクトルの下位または上位へ移動またはシャッフルします。control で定義した定数は、結果ベクトルに移動するソースベクトルの要素を指定します。

構文

```
Vector256<double> Shuffle (Vector256<double> a, Vector256<double> b,
                                                byte control);
```

引数

a	パックド倍精度浮動小数点値（Double 値）ベクトル。
b	パックド倍精度浮動小数点値（Double 値）ベクトル。
control	整数型の定数。結果ベクトルに移動するソースベクトルの要素を指定。

戻り値

シャッフル操作の結果。

動作

パックド倍精度浮動小数点をシャッフルします。

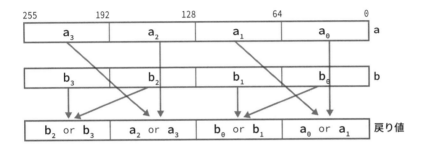

動作が少し複雑なので、擬似コードで示します。

```
if (control[0] == 0)
    dest[63:0]   = a[63:0];
else
    dest[63:0]   = a[127:64];

if (control[1] == 0)
    dest[127:64]  = b[63:0];
else
    dest[127:64]  = b[127:64];

if (control[2] == 0)
    dest[191:128] = a[191:128];
else
    dest[191:128] = a[255:192];

if (control[3] == 0)
    dest[255:192] = b[191:128];
```

```
else
    dest[255:192] = b[255:192];
```

対応するイントリンシック

```
__m256d _mm256_shuffle_pd (__m256d a, __m256d b, const int control)
```

対応する命令

VSHUFPD

サンプル

サンプルプログラムと実行結果を示します。

リスト3.38●08Others¥13Shuffle¥

```
  ⋮
Vector256<Double> a = Vector256.Create(1.0, 2.0, 3.0, 4.0);
Vector256<Double> b = Vector256.Create(11.0, 12.0, 13.0, 14.0);

var c = Avx.Shuffle(a, b, 0x02);
Console.WriteLine(c);

c = Avx.Shuffle(a, b, 0x09);
Console.WriteLine(c);
  ⋮
```

以降に、実行結果を示します。

```
<1, 12, 3, 13>
<2, 11, 3, 14>
```

Avx.UnpackHigh

2つのパックド倍精度浮動小数点をアンパックして、インターリーブします。

構文

```
Vector256<double> UnpackHigh (Vector256<double> a, Vector256<double> b);
```

a   パックド倍精度浮動小数点値（Double 値）ベクトル。

b   パックド倍精度浮動小数点値（Double 値）ベクトル。

アンパック・インターリーブ操作の結果。

パックド倍精度浮動小数点をアンパックして、インターリーブします。

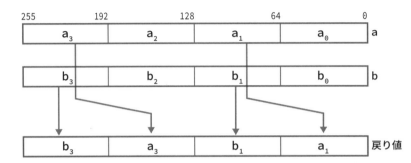

動作が少し複雑なので、擬似コードで示します。

```
dst[63:0]    = a[127:64];
dst[127:64]  = b[127:64];
dst[191:128] = a[255:192];
dst[255:192] = b[255:192];
```

  __m256d _mm256_unpackhi_pd (__m256d a, __m256d b)

  VUNPCKHPD

サンプルプログラムと実行結果を示します。

リスト3.39●08Others¥14UnpackHigh¥

```
    ⋮
Vector256<Double> a = Vector256.Create(1.0, 2.0, 3.0, 4.0);
Vector256<Double> b = Vector256.Create(5.0, 6.0, 7.0, 8.0);
```

```
var c = Avx.UnpackHigh(a, b);
 ⋮
```

以降に、実行結果を示します。

```
<2, 6, 4, 8>
```

Avx.UnpackLow

2つのパックド倍精度浮動小数点をアンパックして、インターリーブします。

構文

```
Vector256<double> UnpackLow (Vector256<double> a, Vector256<double> b);
```

引数

a　　　パックド倍精度浮動小数点値（Double 値）ベクトル。

b　　　パックド倍精度浮動小数点値（Double 値）ベクトル。

戻り値

アンパック・インターリーブ操作の結果。

動作

パックド倍精度浮動小数点をアンパックして、インターリーブします。

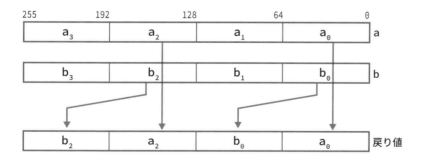

動作が少し複雑なので、擬似コードで示します。

```
dst[63:0]    = a[63:0]
dst[127:64]  = b[63:0]
dst[191:128] = a[191:128]
dst[255:192] = b[191:128]
```

対応するイントリンシック

```
__m256d _mm256_unpacklo_pd (__m256d a, __m256d b)
```

対応する命令

VUNPCKLPD

サンプル

サンプルプログラムと実行結果を示します。

リスト3.40●08Others¥15UnpackLow¥

```
   ⋮
Vector256<Double> a = Vector256.Create(1.0, 2.0, 3.0, 4.0);
Vector256<Double> b = Vector256.Create(5.0, 6.0, 7.0, 8.0);

var c = Avx.UnpackLow(a, b);
   ⋮
```

以降に、実行結果を示します。

```
<1, 5, 3, 7>
```

第4章

簡単な応用例

簡単な応用例を、いくつか解説します。

- 配列同士の加算
- 配列同士の乗算
- 配列へ定数を乗算
- 配列の水平演算
- 配列の最小値と最大値を取得

などの解説を行います。

4.1　2つの配列を加算

　配列の各要素を、2つの配列間で演算することはよくあることです。ここでは、一般的な C# で記述したプログラムと System.Runtime.Intrinsics クラスや System.Runtime.Intrinsics.X86 クラスを使用して記述したプログラムを用いて、2つの配列間で演算を行う例を紹介します。

　まず、2つの単精度浮動小数点の各要素を加算するプログラムを紹介します。System.Runtime.Intrinsics.X86 クラスなどのメソッドを使用すると垂直演算は比較的容易です。以降に、垂直演

算の概要を図で示します。

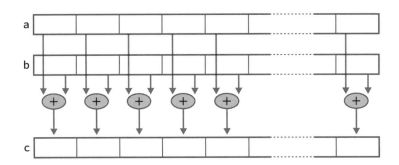

図4.1●2つの配列間で各要素を加算

このような処理を一般的な C# で記述したものを示します。

```
for (int i = 0; i < length; i++)
{
    c[i] = a[i] + b[i];
}
```

単に配列の要素数だけ配列 a と配列 b の各要素を加算し、結果を配列 c の対応する要素に格納します。

これを、System.Runtime.Intrinsics.X86 クラスのメソッドで書き換えてみましょう。

```
fixed (float* pa = a)
fixed (float* pb = b)
fixed (float* pc = c)
{
    for (int i = 0; i < length; i += Vector256<float>.Count)
    {
        var va = Avx.LoadVector256(pa + i);
        var vb = Avx.LoadVector256(pb + i);
        var vc = Avx2.Add(va, vb);
        Avx.Store(pc + i, vc);
    }
}
```

このコードは float 型の配列を扱います。System.Runtime.Intrinsics クラスの

Vector256<float> を使用すると、float の 8 要素を 1 回で処理できます。このため、for ループの回数は普通に記述したときに比べ 1/8 へ低減できます。実際には 8 という定数は用いず、「Vector256<float>.Count」を使用します。

Avx.Add メソッドへ va および vb を指定し、8 要素を 1 回で加算します。結果を Avx.Store メソッドで配列 c へ書き込みます。なお、既に説明済みですが、System.Runtime.Intrinsics.X86 クラスのメソッドへ与える引数はガーベジコレクターの対象から外す必要があります。通常の方法で割り付けた配列は、fixed ステートメントでメモリーブロックをピン留めしなければなりません。

for ループはインデックスを 8 単位で増やします。このため C# で普通に記述した場合と比べ、ループの回数は 1/8 へ減ります。つまり、ベクトル処理の恩恵だけでなく、ループアンロールの効果も享受できます。

以降にプログラム全体を示します。Avx.Add メソッドで記述したメソッドと、C# で普通に記述したメソッドを呼び出し、両者の結果が一致するかチェックします。もし、値が異なる場合、当該部分が表示されます。まったく同一の場合、プログラムは何も表示せず終了します。なお、float 型を使用するため、Length などの値を大きくすると誤差が蓄積し、必ずしも両者の結果が正確に一致するとは限らないことを付記しておきます。以降にソースリストを示します。

リスト4.1●10basicApp¥01AddArrays¥

```csharp
using System.Runtime.Intrinsics;
using System.Runtime.Intrinsics.X86;

namespace ConsoleApp
{
    class Program
    {
        static void Main(string[] args)
        {
            const int Length = 4096;
            var a = new float[Length];
            var b = new float[Length];
            var cSimd = new float[Length];
            var cCsharp = new float[Length];

            InitArrays(a, b, Length);

            vVecAddAvx(a, b, cSimd, Length);
            vVecAddCsharp(a, b, cCsharp, Length);
```

```
        Verify(cSimd, cCsharp, Length);
        Console.WriteLine("Done.");
    }

    // init
    static private void InitArrays(float[] a, float[] b, int length)
    {
        for (int i = 0; i < length; i++)
        {
            a[i] = i;
            b[i] = i + 10;
        }
    }

    // by simd
    static private unsafe void vVecAddAvx(float[] a, float[] b, float[] c,
                                          └ int length)
    {
        fixed (float* pa = a)
        fixed (float* pb = b)
        fixed (float* pc = c)
        {
            for (int i = 0; i < length; i += Vector256<float>.Count)
            {
                var va = Avx.LoadVector256(pa + i);
                var vb = Avx.LoadVector256(pb + i);
                var vc = Avx.Add(va, vb);
                Avx.Store(pc + i, vc);
            }
        }
    }

    // by C#
    static private void vVecAddCsharp(float[] a, float[] b, float[] c, int length)
    {
        for (int i = 0; i < length; i++)
        {
            c[i] = a[i] + b[i];
        }
```

```
        }

        // verify
        static private void Verify(float[] c0, float[] c1, int length)
        {
            for (int i = 0; i < length; i++)
            {
                if (c0[i] != c1[i])
                    Console.WriteLine("error at {0}, {1,5:f1} != {2,5:f1}",
                                                    └ i, c0[i], c1[i]);
            }
        }
    }
}
```

　配列 a、b、c は Avx.Add メソッドが要求する 256 ビット（＝ 32 バイト）の整数倍でなければなりません。要素数で表現すると 32 ÷ 4 = 8 です。つまり、配列の要素数は 8 の整数倍でなければなりません。通常の new などでメモリを割り付ける場合、この点に留意してください。

4.2　2つの配列を乗算

　先のプログラムとほとんど同様ですが、2つの単精度浮動小数点の各要素を乗算するプログラムを紹介します。先のプログラムの加算を乗算に変更するだけです。以降にソースリストの一部を示します。

リスト4.2●10basicApp¥02MulArrays¥

```
  ⋮
// by simd
static private unsafe void vVecAddAvx(float[] a, float[] b, float[] c, int length)
{
    fixed (float* pa = a)
    fixed (float* pb = b)
    fixed (float* pc = c)
    {
```

```
        for (int i = 0; i < length; i += Vector256<float>.Count)
        {
            var va = Avx.LoadVector256(pa + i);
            var vb = Avx.LoadVector256(pb + i);
            var vc = Avx.Multiply(va, vb);
            Avx.Store(pc + i, vc);
        }
    }
}


// by C#
static private void vVecAddCsharp(float[] a, float[] b, float[] c, int length)
{
    for (int i = 0; i < length; i++)
    {
        c[i] = a[i] * b[i];
    }
}
    ⋮
```

先のプログラムと異なるのは2箇所のみです。加算を乗算に書き換えるのみです。

4.3 長大な一次元配列に定数を乗ずる

　長大な一次元配列に係数を乗ずるプログラムを紹介します。以降にプログラムの処理を図で示します。

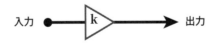

入力　　　　　k　　　　　出力

図4.2●プログラムの処理

　処理は簡単で、入力値に係数 k を乗ずるだけです。音声信号などの一次元データのレベルを調整するような例に応用できます。分かりやすいようにビジュアル化します。k を 0.5、0.8 そして 1.5 へ変更したときの様子を図で示します。

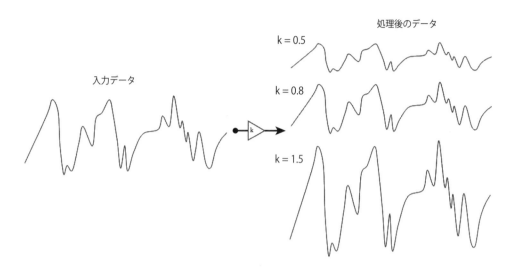

入力データ

処理後のデータ

k = 0.5

k = 0.8

k = 1.5

図4.3●音声信号などの一次元データのレベル調整の例

このような処理を C# で普通に記述したコードを示します。

```
static private void MulCsharp(float[] a, float k, float[] c, int length)
{
    for (int i = 0; i < length; i++)
    {
        c[i] = a[i] * k;
    }
}
```

入力は単精度浮動小数点配列 a に格納されており、その要素数は length に、係数は k に格納されています。処理は単純で、単に配列aの各要素数にkを乗じ、結果を配列cへ格納するだけです。

これを、System.Runtime.Intrinsics.X86 クラスのメソッドで書き換えてみましょう。

```
static private unsafe void MulAvx(float[] a, float k, float[] c, int length)
{
    var vk = Avx.BroadcastScalarToVector256(&k);
    fixed (float* pa = a)
    fixed (float* pc = c)
    {
```

```
        for (int i = 0; i < length; i += Vector256<float>.Count)
        {
            var va = Avx.LoadVector256(pa + i);
            var vc = Avx.Multiply(va, vk);
            Avx.Store(pc + i, vc);
        }
    }
}
```

このコードは float の配列を扱います。System.Runtime.Intrinsics クラスの Vector256<float> を使用すると、float の 8 要素を扱うことができます。まず、Avx.BroadcastScalarToVector256 メソッドで、k に格納されている単精度浮動小数点値を vk の全単精度浮動小数点要素にブロードキャストします。

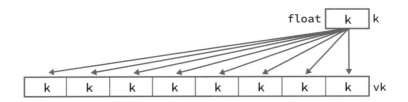

図4.4●Avx.BroadcastScalarToVector256メソッドの動作

この処理は、for ループに入る前に 1 回だけ行います。

for ループ内で、Avx.Multiply メソッドを使用し、データが格納された va と先ほどの定数 vk を乗算します。これによって、1 回で 8 個の単精度浮動小数点が処理されます。

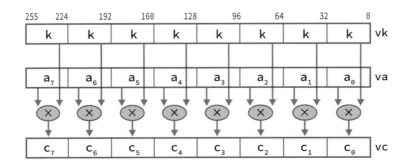

図4.5●Avx.Multiplyメソッドの動作

処理結果を Avx.Store メソッドで c へ格納します。ソースコードの行数を比較すると、Avx クラ

スのメソッドを使用するより C# で普通に記述したプログラムがコンパクトに感じます。ところが動的なループ回数は、C# 言語で記述したものが、Avx クラスのメソッドで記述したものに比べ8倍必要です。

リスト4.3●10basicApp¥03MulArraysK¥

```csharp
using System.Runtime.Intrinsics;
using System.Runtime.Intrinsics.X86;

namespace ConsoleApp
{
    class Program
    {
        static void Main(string[] args)
        {
            const int Length = 4096;
            const float k = 0.8123f;
            var a = new float[Length];
            var cSimd = new float[Length];
            var cCsharp = new float[Length];

            InitArrays(a, Length);

            MulAvx(a, k, cSimd, Length);
            MulCsharp(a, k, cCsharp, Length);

            Verify(cSimd, cCsharp, Length);
            Console.WriteLine("Done.");
        }

        // init
        static private void InitArrays(float[] a, int length)
        {
            for (int i = 0; i < length; i++)
            {
                a[i] = i;
            }
        }

        // by simd
```

```csharp
static private unsafe void MulAvx(float[] a, float k, float[] c, int length)
{
    var vk = Avx.BroadcastScalarToVector256(&k);
    fixed (float* pa = a)
    fixed (float* pc = c)
    {
        for (int i = 0; i < length; i += Vector256<float>.Count)
        {
            var va = Avx.LoadVector256(pa + i);
            var vc = Avx.Multiply(va, vk);
            Avx.Store(pc + i, vc);
        }
    }
}

// by C#
static private void MulCsharp(float[] a, float k, float[] c, int length)
{
    for (int i = 0; i < length; i++)
    {
        c[i] = a[i] * k;
    }
}

// verify
static private void Verify(float[] c0, float[] c1, int length)
{
    for (int i = 0; i < length; i++)
    {
        if (c0[i] != c1[i])
            Console.WriteLine("error at {0}, {1,5:f1} != {2,5:f1}",
                                        └ i, c0[i], c1[i]);
    }
}
```

4.4 配列の水平演算

配列の総和を求めるなど、水平方向の演算例を示します。

■ 単純な総和を求める

要素数が小さな配列の総和を求める簡単なプログラムを紹介します。System.Runtime.Intrinsics.X86 クラスのメソッドは、垂直演算は得意ですが水平演算は比較的弱いです。

要素数 8 の float 配列が保持する値の総和を求めるプログラムを示します。以降にソースリストを示します。

リスト4.4●10basicApp¥04HAdd¥

```
using System.Runtime.Intrinsics;
using System.Runtime.Intrinsics.X86;

namespace ConsoleApp
{
    class Program
    {
        static void Main(string[] args)
        {
            Vector256<float> a = Vector256.Create(1f, 2, 3, 4, 5, 6, 7, 8);

            var vsum = Avx.HorizontalAdd(a, a);        // d0+d1, d2+d3, d0+d1, d2+d3,
                                                       // d4+d5, d6+d7, d4+d5, d6+d7

            vsum = Avx.HorizontalAdd(vsum, vsum);      // d0+d1+d2+d3, ←, ←, ←,
                                                       // d4+d5+d6+d7, ←, ←, ←

                                                       // d0+d1+d2+d3+d4+d5+d6+d7
            float sum = vsum.GetElement(0) + vsum.GetElement(4);

            Console.WriteLine(sum);
        }
    }
}
```

　Avx.HorizontalAdd メソッドで 2 つのパックド単精度浮動小数点の全要素を、それぞれ水平加算します。以下に、処理を図で示します。

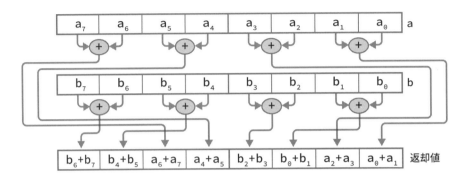

図4.6●Avx.HorizontalAddメソッドの動作

　配列の値が、

d0, d1, d2, d3, d4, d5, d6, d7

とすると、オペランドに同じものを指定し、Avx.HorizontalAdd メソッドを実行すると、その結果は、

d0+d1, d2+d3, d0+d1, d2+d3, d4+d5, d6+d7, d4+d5, d6+d7

です。もう 1 回繰り返すと、

d0+d1+d2+d3, d0+d1+d2+d3, d0+d1+d2+d3, d0+d1+d2+d3,
d4+d5+d6+d7, d4+d5+d6+d7, d4+d5+d6+d7, d4+d5+d6+d7

です。
　さらに、もう 1 回 Avx.HorizontalAdd メソッドを実行しても総和を求めることはできません。そこで、GetElement で、要素の 0 番目と 4 番目を取り出し加算します。これで、配列の総和を求めることができます。本プログラムの実行結果を示します。

```
36
```

1.0 + 2.0 + 3.0 + 4.0 + 5.0 + 6.0 + 7.0 + 8.0 ＝ 36.0 ですので、正常に処理されています。

■ 長い配列の総和を求める

先のプログラムを拡張し、長い配列の総和を求めるプログラムを紹介します。普通に記述する場合、先頭から順に加算を繰り返します。System.Runtime.Intrinsics.X86 クラスのメソッドを使う場合、ある固まりをベクトルとみなします。そして、ベクトルの加算を繰り返し、最後にベクトルの総和を求めます。以降に処理の概要を図で示します。

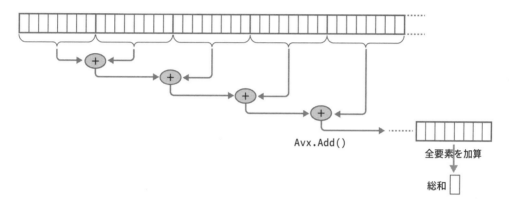

図4.7●処理の概要

例えば、単精度浮動小数点配列の総和を求める場合、要素数が8のベクトルとみなし、ベクトル単位で加算を繰り返します。最後に、ベクトルの総和を求めます。このように処理すると、要素ごとに加算した場合に比べ加算の回数は 1/8 へ低減されます。以降にソースリストを示します。

リスト4.5●10basicApp¥05HAddArrays¥

```
using System.Runtime.Intrinsics;
using System.Runtime.Intrinsics.X86;

namespace ConsoleApp
{
    class Program
    {
        static void Main(string[] args)
        {
            const int Length = 4096;
            var a = new float[Length];

            InitArrays(a, Length);
```

```
        var cSimd  = hVecAddAvx(a, Length);
        var Csharp = hVecAddCsharp(a, Length);

        Console.WriteLine("SIMD   = {0,10:f1}", cSimd);
        Console.WriteLine("Csharp = {0,10:f1}", Csharp);
    }

    // init
    static private void InitArrays(float[] a, int length)
    {
        for (int i = 0; i < length; i++)
        {
            a[i] = i;
        }
    }

    // by simd
    static private unsafe float hVecAddAvx(float[] a, int length)
    {
        var vsum = Vector256<float>.Zero;
        fixed (float* pa = a)
        {
            for (int i = 0; i < length; i += Vector256<float>.Count)
            {
                var va = Avx.LoadVector256(pa + i);
                vsum = Avx.Add(vsum, va);      // d0, d1, d2, d3, d4, d5, d6, d7
            }
        }
        vsum = Avx.HorizontalAdd(vsum, vsum);  // d0+d1, d2+d3, d0+d1, d2+d3,
                                               // d4+d5, d6+d7, d4+d5, d6+d7

        vsum = Avx.HorizontalAdd(vsum, vsum);  // d0+d1+d2+d3, ←, ←, ←,
                                               // d4+d5+d6+d7, ←, ←, ←

        float sum = vsum.GetElement(0) + vsum.GetElement(4);
                              └ // d0+d1+d2+d3+d4+d5+d6+d7
        return sum;
    }
```

```
        // by C#
        static private float hVecAddCsharp(float[] a, int length)
        {
            float sum = 0.0f;
            for (int i = 0; i < length; i++)
            {
                sum += a[i];
            }
            return sum;
        }
    }
}
```

　まず、for 文で 8 要素単位（Vector256<float> 単位）で先頭から順次加算します。これによって vsum の各要素に、対応する要素の和が求まります。この vsum の水平加算を行うことによって、配列全体の総和が求まります。for 文のループ回数は、配列の要素数を 8 で除した回数です。実際のコードでは、即値の 8 は使用せず、Vector256<float> を使用します。

　for ループ内で、Avx.LoadVector256 メソッドを使用しデータを読み込んだ後、Avx.Add メソッドで積算します。この「vsum = Avx.Add(vsum, va);」で各要素に対応する和が求まります。

Σd0, Σd1, Σd2, Σd3, Σd4, Σd5, Σd6, Σd7

　次の、「vsum = Avx.Add(vsum, vsum);」で、

Σd0 + Σd1, Σd2 + Σd3, Σd0 + Σd1, Σd2 + Σd3,
Σd4 + Σd5, Σd6 + Σd7, Σd4 + Σd5, Σd6 + Σd7

が求まります。もう 1 回「vsum = Avx.Add(vsum, vsum);」を行うことで、

Σd0 + Σd1 + Σd2 + Σd3, Σd0 + Σd1 + Σd2 + Σd3
Σd0 + Σd1 + Σd2 + Σd3, Σd0 + Σd1 + Σd2 + Σd3
Σd4 + Σd5 + Σd6 + Σd7, Σd4 + Σd5 + Σd6 + Σd7
Σd4 + Σd5 + Σd6 + Σd7, Σd4 + Σd5 + Σd6 + Σd7

が求まります。vsum の要素 0 と要素 4 を加算すると、配列 a の全要素を加算した総和が求まります。

$$\Sigma d0 + \Sigma d1 + \Sigma d2 + \Sigma d3 + \Sigma d4 + \Sigma d5 + \Sigma d6 + \Sigma d7$$

hVecAddCsharp メソッドは、ごく普通の C# の for ループで総和を求めます。System.Runtime.Intrinsics.X86 クラスを使用した場合と、普通に記述した場合の結果に違いがないことを確認してください。以降に実行結果を示します。

```
SIMD   = 8386560.0
Csharp = 8386560.0
```

誤差と有効桁数

　浮動小数点、特に単精度浮動小数点を使用する場合は有効桁数と誤差には注意が必要です。性能に関する調査では大量の演算を行わせるため配列の要素数などを多くして試す場合があります。その際に処理結果が予想したものと異なる場合があります。たいていは有効桁数をオーバーしているか、あるいは誤差が蓄積しているのが原因です。単なる数値演算の有効桁不足なのか、あるいは誤差（特に小さな値の場合）の蓄積なのか、あるいは性能を向上させるための処理に起因するものか判断するのは簡単ではありません。扱う数値の範囲、10 進数と 2 進数変換の誤差、演算に伴う誤差の蓄積に注意を払ってください。大量の演算で得られた浮動小数点の結果を「==」で判断するのは賢明な方法ではありません。ある程度の誤差を織り込んで判断するのが良いでしょう。整数の場合であっても、int では有効桁が不足する場合があります。処理結果が予想と異なる場合は、要素数を減らす、あるいは int を long へ、float を double へ変更するのも有効です。

4.5　配列の最大値と最小値

長大な一次元配列に含まれる全要素値から最小値と最大値を探す例を示します。まず、一般的なC#で記述したメソッドを示します。

```csharp
static private (float min, float max) CsMinMax(float[] a, int length)
{
    float min = float.MaxValue;
    float max = float.MinValue;
    for (int i = 0; i < length; i++)
    {
        min = Math.Min(min, a[i]);
        max = Math.Max(max, a[i]);
    }
    return (min, max);
}
```

まず、最小値を保持する min に 単精度浮動小数点の最大値である float.MaxValue を、最大値を保持する max に 単精度浮動小数点の最小値である float.MinValue を設定します。そして、配列の先頭から、要素値を先の値と比較し、小さい方を min へ、大きい方を max へ設定します。これを配列の最後の要素まで繰り返します。以降に最大値を求める様子を図で示します。

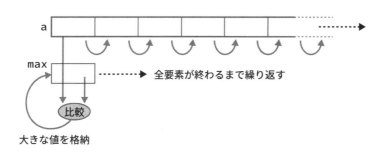

図4.8●最大値を求める様子

これによって、min に配列中の最小値が、max へ配列中の最大値が格納されます。本メソッドは、結果をタプルで返します。

256 ビットで処理する System.Runtime.Intrinsics.X86 クラスで作成したメソッドを紹介します。System.Runtime.Intrinsics.X86 クラスのメソッドを用いると、単精度浮動小数点数なら同時に 8 要素を処理することが可能となります。以降に、メソッドのコードを示します。

```
static private unsafe (float min, float max) SimdMinMax(float[] a, int length)
{
    float minValue = float.MaxValue;
    float maxValue = float.MinValue;
    var vMin = Avx.BroadcastScalarToVector256(&minValue);
    var vMax = Avx.BroadcastScalarToVector256(&maxValue);
    fixed (float* pa = a)
    {
        for (int i = 0; i < length; i += Vector256<float>.Count)
        {
            var va = Avx.LoadVector256(pa + i);
            vMin = Avx.Min(va, vMin);
            vMax = Avx.Max(va, vMax);
        }
    }
    float min = float.MaxValue;
    float max = float.MinValue;
    for (int i = 0; i < Vector256<float>.Count; i++)
    {
        min = Math.Min(min, vMin.GetElement(i));
        max = Math.Max(max, vMax.GetElement(i));
    }
    return (min, max);
}
```

まず、最小値を保持する vMin に単精度浮動小数点の最大値である float.MaxValue をブロードキャストします。同様に、最大値を保持する vMax に単精度浮動小数点の最小値である float.MinValue をブロードキャストします。vMin のすべての要素に単精度浮動小数点数の最大値、vMax のすべての要素に単精度浮動小数点数の最小値が格納されます。設定は、一旦、float 型に設定した後、BroadcastScalarToVector256 メソッドでブロードキャストします。

そして、配列の先頭から要素値を先の値と比較し、小さい方を vMin へ、大きい方を vMax へ設定します。これを配列の最後の要素まで繰り返します。以降に最大値を求める様子を図で示します。

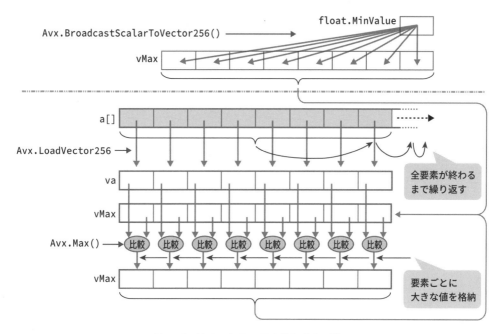

図4.9●ベクトル処理で最大値を求める様子

for ループは 1 回に Vector256<float>.Count 個の要素を処理するため、逐次プログラムに比べループ回数は 1 / Vector256<float>.Count に減ります。for 文の最後で i を増加させますが、単にインクリメントするのではなく Vector256<float>.Count 分増加させます。ループ内ではまず、Vector256<float> 型の va に Avx.LoadVector256 で配列 a の対応する位置から要素分を読み込みます。次に、Avx.Min メソッドで va と vMin を比較し、小さな値を vMin へ求めます。Avx.Min メソッドを使用すると、各要素の比較はそれぞれ独立して処理されます。同様に最大値は、Avx.Max メソッド使用し、va と vMax を比較し、大きな値を vMax へ求めます。

最後に、vMin や vMax に求めた Vector256<float>.Count 個の値から最小値と最大値を、min と max へ求めます。これによって、min に配列中の最小値が、max へ配列中の最大値が格納されます。本メソッドは、結果をタプルで返します。以降に、ソースリストを示します。

リスト4.6●10basicApp¥06MinMaxArrays¥

```
using System.Runtime.Intrinsics;
using System.Runtime.Intrinsics.X86;


namespace ConsoleApp
{
```

```
class Program
{
    static void Main(string[] args)
    {
        const int Length = 4096;
        var a = new float[Length];

        Array.Fill(a, 0);
        a[Length - 1] = 10;
        a[Length - 2] = -10;

        var simd = SimdMinMax(a, Length);
        var cs = CsMinMax(a, Length);

        Console.WriteLine("Simd:   Min = {0}, Max = {1}", simd.min, simd.max);
        Console.WriteLine("Csharp: Min = {0}, Max = {1}", cs.min,   cs.max);
    }

    // by simd
    static private unsafe (float min, float max) SimdMinMax(float[] a, int length)
    {
        float minValue = float.MaxValue;
        float maxValue = float.MinValue;
        var vMin = Avx.BroadcastScalarToVector256(&minValue);
        var vMax = Avx.BroadcastScalarToVector256(&maxValue);
        fixed (float* pa = a)
        {
            for (int i = 0; i < length; i += Vector256<float>.Count)
            {
                var va = Avx.LoadVector256(pa + i);
                vMin = Avx.Min(va, vMin);
                vMax = Avx.Max(va, vMax);
            }
        }
        float min = float.MaxValue;
        float max = float.MinValue;
        for (int i = 0; i < Vector256<float>.Count; i++)
        {
            min = Math.Min(min, vMin.GetElement(i));
            max = Math.Max(max, vMax.GetElement(i));
```

```
        }
        return (min, max);
    }


    // by C#
    static private (float min, float max) CsMinMax(float[] a, int length)
    {
        float min = float.MaxValue;
        float max = float.MinValue;
        for (int i = 0; i < length; i++)
        {
            min = Math.Min(min, a[i]);
            max = Math.Max(max, a[i]);
        }
        return (min, max);
    }
  }
}
```

本プログラムの実行結果を示します。

```
Simd:   Min = -10, Max = 10
Csharp: Min = -10, Max = 10
```

LINQ

C# では、配列の総和を Sum メソッド、最大値は Max メソッド、最小値は Min メソッドを使って1行のコードで求めることができます。確かにコード量は減り便利です。しかし、性能は自身で逐次的に求めるより低速でした。本書では、LINQ などを利用した例は省きます。

第5章

3Dベクトルの正規化
（AOS、SOA）

　幾何学計算で用いるベクトルデータを正規化する方法を解説します。AOSやSOAは一般的には、3Dベクトルの正規化に使用しますが、RGBフルカラー画像に対する画像処理にも応用できます。これについては、ほぼ完全な解説と、ソースコードがIntel社のサイトに紹介されています。C#の解説ではありませんが、詳しく知りたい場合は参考になるでしょう。Intel社のサイトには、AOSなどに限らず多数のサンプルが紹介されています。

5.1　AOSとSOA

　まず、簡単にAOS（array of structure）とSOA（structure of array）について説明します。AOSは「パックド（packed）」と言い換えることが可能で、例えば3Dベクトルxyzの各頂点に同じ演算を行うのに適しています。n個の頂点を保持したければ、xyzのstructureをn個格納します。SOAは「スカラー（scalar）」と言い換えることが可能で、n個のx、次にn個のy、そして最後にn個のzを格納します。

　何らかの処理を行う時に、AOSのままではデータを扱いにくく、高速化できない場合があります。そのような場合、いったんSOAへ並び替え、一連の処理が終わった後でAOSへ戻すと都合が良いときがあります。ここでは、`System.Runtime.Intrinsics.X86`クラスのメソッドを使用したAOS→SOAや、その逆を説明します。以降に、AOSとSOAを図で示します。

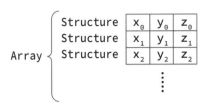

図5.1●AOS

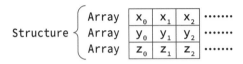

図5.2●SOA

上図だけではわかりにくいため、メモリ上の配置を図で示します。

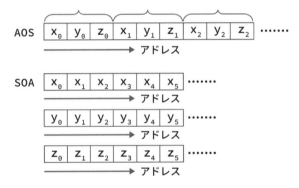

図5.3●AOSとSOAのメモリイメージ

　例えば、3Dの頂点を格納する場合、xyzを1つの構造体にパックして格納する方法が一般的に採用されます。

　スカラー処理を使う場合、AOSであろうがSOAであろうがプログラムの速度への影響は少ないです。ところが、ベクトル処理を使用し128ビットを処理しても性能が4倍にはなりません。128ビットを処理できる命令では、4要素の32ビット単精度浮動小数点に適しているため、3Dへ対応するには、32ビットをパディングして3Dベクトルを使用します。つまり、128ビット・レジスタの4要素のうち1つは無駄にするわけです。このようなパディングを用いる方法は、レジスタのビット長に対し依存しているためです。

　そこで、別の方法として、一度に全要素を処理する、つまりベクトルを正規化する方法があり

ます。この方法を採用する場合、すべてのデータがレジスタに収まるように再配置する必要があります。いわゆる AOS → SOA です。データが SOA で格納されていれば、データを容易にレジスタへロードできパディングも不要です。

アプリケーションは、データを AOS（array of structures）で保持している場合、データを一度に配置変更し、処理を行った後、再び元の配置に戻します。

5.2 AOS から SOA へのシャッフル

System.Runtime.Intrinsics.X86.Sse クラスのメソッド(= 128 ビット)を用いる場合、3D のデータは 4 つ(12 ベクトル)ごとに境界が揃うのを利用します。3D のデータを 4 つごとに抜き出して、AOS 形式を SOA 形式へ変換します。以降に処理概要を図で示します。

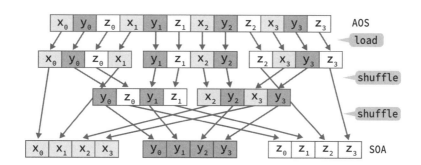

図5.4●AOS→SOAの概要

$x_0 y_0 z_0 x_1$、$y_1 z_1 x_2 y_2$、および $z_2 x_3 y_3 z_3$ をロードします。3 つの Vector128 に 3D データの 4 頂点がロードされます。その後、Sse.Shuffle メソッドを 2 回繰り返すと、SOA に配置変換できます。データが SOA になると、計算はスカラー実装と同じです。これによって、一度に 4 要素を処理する System.Runtime.Intrinsics.X86.Sse クラスのメソッドを使用できます。以降に、本処理を実装したソースリストを示します。

リスト5.1●30Aos2Soa\01Aos2Soa128

```
using System.Runtime.Intrinsics.X86;

namespace ConsoleApp
```

```
{
    class Program
    {
        static void Main(string[] _)
        {
            const int length = 12;
            var a = new float[length];

            init(a, length);
            PrintHelp();

            PrintArray("AOS: ", a, length);
            Aos2soa(a);                          // AOS -> SOA
            PrintArray("SOA: ", a, length);
        }

        //init
        static private void init(float[] a, int length)
        {
            for (int i = 0; i < length / 3; i++)
            {
                a[i * 3 + 0] = (float)(10 * i + 1);
                a[i * 3 + 1] = (float)(10 * i + 2);
                a[i * 3 + 2] = (float)(10 * i + 3);
            }
        }

        // print Array
        static private void PrintArray(string prmt, float[] a, int length)
        {
            Console.Write(prmt);
            for (int i = 0; i < length; i++)
            {
                Console.Write("{0,3:0#}", a[i]);
            }
            Console.WriteLine("");
        }

        // print help
        static private void PrintHelp()
```

```csharp
{
    Console.WriteLine("");
    Console.WriteLine(" x0,y0,z0, x1,y1,z1, x2,y2,z2, x3,y3,z3");
    Console.WriteLine(" ->");
    Console.WriteLine(" x0,x1,x2,x3, y0,y1,y2,y3, z0,z1,z2,z3 ");
    Console.WriteLine("");
}


// AOS -> SOA
//
// x0,y0,z0, x1,y1,z1, x2,y2,z2, x3,y3,z3
// ->
// x0,x1,x2,x3, y0,y1,y2,y3, z0,z1,z2,z3
//
static private unsafe void Aos2soa(float[] xyz)
{
    fixed (float* pXyz = xyz)
    {
        // Sse.LoadAlignedVector128(pXyz + 0);は駄目
        var x0y0z0x1 = Sse.LoadVector128(pXyz + 0);
        var y1z1x2y2 = Sse.LoadVector128(pXyz + 4);
        var z2x3y3z3 = Sse.LoadVector128(pXyz + 8);

        var x2y2x3y3 = Sse.Shuffle(y1z1x2y2, z2x3y3z3,
                                          _MM_SHUFFLE(2, 1, 3, 2));
        var y0z0y1z1 = Sse.Shuffle(x0y0z0x1, y1z1x2y2,
                                          _MM_SHUFFLE(1, 0, 2, 1));
        var x = Sse.Shuffle(x0y0z0x1, x2y2x3y3, _MM_SHUFFLE(2, 0, 3, 0));
                                                    // x0x1x2x3
        var y = Sse.Shuffle(y0z0y1z1, x2y2x3y3, _MM_SHUFFLE(3, 1, 2, 0));
                                                    // y0y1y2y3
        var z = Sse.Shuffle(y0z0y1z1, z2x3y3z3, _MM_SHUFFLE(3, 0, 3, 1));
                                                    // z0z1z2z3

        Sse.Store(pXyz + 0, x);
        Sse.Store(pXyz + 4, y);
        Sse.Store(pXyz + 8, z);
    }
}
```

```
        // _MM_SHUFFLE
        static private byte _MM_SHUFFLE(int a, int b, int c, int d)
        {
            return (byte)(a << 6 | b << 4 | c << 2 | d);
        }
    }
}
```

Aos2soa メソッドは、AOS 形式を SOA 形式へ配置変換します。配置変更がうまくできたか分かりやすいデータを配列 a に格納し、それらを表示するメソッドなどを用意します。以降に実行結果を示します。

```
x0,y0,z0, x1,y1,z1, x2,y2,z2, x3,y3,z3
->
x0,x1,x2,x3, y0,y1,y2,y3, z0,z1,z2,z3

AOS:  01 02 03 11 12 13 21 22 23 31 32 33
SOA:  01 11 21 31 02 12 22 32 03 13 23 33
```

データの下 1 桁が、1 は x、2 は y、3 は z を表し、上位の桁は 3D ベクトルの番号を表します。入力データと処理結果を表示します。入力は x0,y0,z0, x1,y1,z1, x2,y2,z2, x3,y3,z3 順、出力は x0,x1,x2,x3, y0,y1,y2,y3, z0,z1,z2,z3 順に並べ替えられているのがわかります。この SOA に並んだデータに対し一連の SIMD 処理を行います。処理が済んだら、SOA 形式なので、AOS 形式に戻す必要があります。以降に、その処理概要を図で示します。

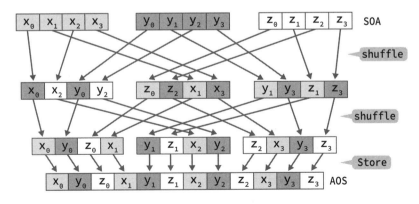

図5.5●SOA→AOSの概要

　x0x1x2x3、y0y1y2y3、および z0z1z2z3 をレジスタにロードします。その後、シャッフル命令を 2 回繰り返すと、AOS に配置変換できます。以降に、本処理を実装したソースリストを示します。

リスト5.2●30Aos2Soa¥02Soa2Aos128¥ （抜粋）

```
    ⋮

static void Main(string[] _)
{
    const int length = 12;
    var a = new float[length];

    init(a, length);
    PrintHelp();

    PrintArray("AOS: ", a, length);
    Aos2soa(a);                       // AOS -> SOA
    PrintArray("SOA: ", a, length);
    Soa2aos(a);                       // SOA -> AOS
    PrintArray("AOS: ", a, length);
}

    ⋮

// print help
static private void PrintHelp()
{
    Console.WriteLine("");
    Console.WriteLine(" x0,y0,z0, x1,y1,z1, x2,y2,z2, x3,y3,z3");
    Console.WriteLine(" ->");
    Console.WriteLine(" x0,x1,x2,x3, y0,y1,y2,y3, z0,z1,z2,z3 ");
    Console.WriteLine(" ->");
    Console.WriteLine(" x0,y0,z0, x1,y1,z1, x2,y2,z2, x3,y3,z3");
    Console.WriteLine("");
}

    ⋮

// SOA -> AOS
```

```
//
//    x0,x1,x2,x3, y0,y1,y2,y3, z0,z1,z2,z3
// ->
//    x0,y0,z0, x1,y1,z1, x2,y2,z2, x3,y3,z3
//
static private unsafe void Soa2aos(float[] xyz)
{
    fixed (float* pXyz = xyz)
    {
        // Sse.LoadAlignedVector128(pXyz + 0);は駄目
        var x = Sse.LoadVector128(pXyz + 0);
        var y = Sse.LoadVector128(pXyz + 4);
        var z = Sse.LoadVector128(pXyz + 8);

        var x0x2y0y2 = Sse.Shuffle(x, y, _MM_SHUFFLE(2, 0, 2, 0));
        var y1y3z1z3 = Sse.Shuffle(y, z, _MM_SHUFFLE(3, 1, 3, 1));
        var z0z2x1x3 = Sse.Shuffle(z, x, _MM_SHUFFLE(3, 1, 2, 0));

        var rx0y0z0x1 = Sse.Shuffle(x0x2y0y2, z0z2x1x3, _MM_SHUFFLE(2, 0, 2, 0));
        var ry1z1x2y2 = Sse.Shuffle(y1y3z1z3, x0x2y0y2, _MM_SHUFFLE(3, 1, 2, 0));
        var rz2x3y3z3 = Sse.Shuffle(z0z2x1x3, y1y3z1z3, _MM_SHUFFLE(3, 1, 3, 1));

        Sse.Store(pXyz + 0, rx0y0z0x1);
        Sse.Store(pXyz + 4, ry1z1x2y2);
        Sse.Store(pXyz + 8, rz2x3y3z3);
    }
}
```

:

基本的に先のプログラムを拡張し、SOA 形式を AOS 形式へ変換する Soa2aos メソッドを追加しただけです。先の、Aos2soa メソッドで AOS 形式を SOA 形式へ変換し、それを Soa2aos メソッドで SOA 形式から AOS 形式へ戻します。これによって、最後の結果は入力と同じ並びに戻ります。以降に実行結果を示します。

```
x0,y0,z0, x1,y1,z1, x2,y2,z2, x3,y3,z3
->
x0,x1,x2,x3, y0,y1,y2,y3, z0,z1,z2,z3
```

```
    ->
    x0,y0,z0, x1,y1,z1, x2,y2,z2, x3,y3,z3

AOS:  01 02 03 11 12 13 21 22 23 31 32 33
SOA:  01 11 21 31 02 12 22 32 03 13 23 33
AOS:  01 02 03 11 12 13 21 22 23 31 32 33
```

データの下 1 桁が、1 は x、2 は y、3 は z を示し、上位の桁は 3D ベクトルの番号を表します。入力の AOS 形式を SOA 形式へ変換し、それを再び SOA 形式から AOS 形式へ戻します。入力は x0,y0,z0, x1,y1,z1, x2,y2,z2, x3,y3,z3 順、SOA は x0,x1,x2,x3, y0,y1,y2,y3, z0,z1,z2,z3、そして AOS で元に戻っています。

5.3 256 ビットの AOS と SOA

これまでは、System.Runtime.Intrinsics.X86.Sse クラスのメソッドを用いて 128 ビット長で処理する方法を説明しました。本節では、System.Runtime.Intrinsics.X86.Avx クラスを用いて 256 ビット長の 3D データの 8 ベクトルを並び替える例を示します。まず、AOS 形式から SOA 形式に変換する方法を図で示します。

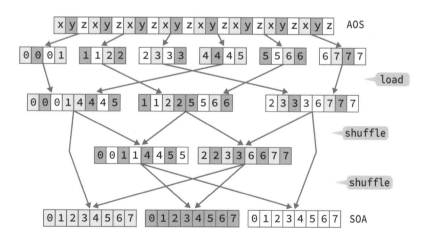

図5.6●AOS→SOAの概要

　SOA形式からAOS形式への変換も、ほとんど同様の方法で実装できます。以降に、「SOA→AOS」と「AOS→SOA」の両方を実装したソースリストを示します。

リスト5.3● 30Aos2Soa¥03Aos2Soa256¥

```csharp
using System.Runtime.Intrinsics.X86;

namespace ConsoleApp
{
    class Program
    {
        static void Main(string[] _)
        {
            const int length = 24;
            var a = new float[length];

            init(a, length);

            PrintArray("org: ", a, length);
            Aos2soa(a);                        // AOS -> SOA
            PrintArray("SOA: ", a, length);
            Soa2aos(a);                        // SOA -> AOS
            PrintArray("AOS: ", a, length);
        }

        //init
        static private void init(float[] a, int length)
        {
            for (int i = 0; i < length / 3; i++)
            {
                a[i * 3 + 0] = (float)(10 * i + 1);
                a[i * 3 + 1] = (float)(10 * i + 2);
                a[i * 3 + 2] = (float)(10 * i + 3);
            }
        }

        // print Array
        static private void PrintArray(string prmt, float[] a, int length)
        {
            Console.Write(prmt);
```

```
        for (int i = 0; i < length; i++)
        {
            Console.Write("{0,3:0#}", a[i]);
        }
        Console.WriteLine("");
    }


    // AOS -> SOA
    //
    // x0,y0,z0, x1,y1,z1, x2,y2,z2, x3,y3,z3, ...
    // ->
    // x0,x1,x2,x3, y0,y1,y2,y3, z0,z1,z2,z3, ...
    //
    static private unsafe void Aos2soa(float[] xyz)
    {
        fixed (float* pXyz = xyz)
        {
            // 下半分のロード
            var m03 = Avx.LoadVector256(pXyz + 0);
            var m14 = Avx.LoadVector256(pXyz + 4);
            var m25 = Avx.LoadVector256(pXyz + 8);

            // 上半分のロード
            m03 = Avx.InsertVector128(m03, Sse.LoadVector128(pXyz + 12),1);
            m14 = Avx.InsertVector128(m14, Sse.LoadVector128(pXyz + 16), 1);
            m25 = Avx.InsertVector128(m25, Sse.LoadVector128(pXyz + 20), 1);

            var xy = Avx.Shuffle(m14, m25, _MM_SHUFFLE(2, 1, 3, 2));
                                              └ // xとyの上部分
            var yz = Avx.Shuffle(m03, m14, _MM_SHUFFLE(1, 0, 2, 1));
                                                └ // yとzの下部分

            var x = Avx.Shuffle(m03, xy, _MM_SHUFFLE(2, 0, 3, 0));
            var y = Avx.Shuffle(yz, xy, _MM_SHUFFLE(3, 1, 2, 0));
            var z = Avx.Shuffle(yz, m25, _MM_SHUFFLE(3, 0, 3, 1));

            Avx.Store(pXyz + 0, x);
            Avx.Store(pXyz + 8, y);
            Avx.Store(pXyz + 16, z);
        }
```

5

```
        }

    // SOA -> AOS
    //
    // x0,x1,x2,x3, y0,y1,y2,y3, z0,z1,z2,z3, ...
    // ->
    // x0,y0,z0, x1,y1,z1, x2,y2,z2, x3,y3,z3, ...
    //
    static private unsafe void Soa2aos(float[] xyz)
    {
        fixed (float* pXyz = xyz)
        {
            var x = Avx.LoadVector256(pXyz + 0);
            var y = Avx.LoadVector256(pXyz + 8);
            var z = Avx.LoadVector256(pXyz + 16);

            var rxy = Avx.Shuffle(x, y, _MM_SHUFFLE(2, 0, 2, 0));
            var ryz = Avx.Shuffle(y, z, _MM_SHUFFLE(3, 1, 3, 1));
            var rzx = Avx.Shuffle(z, x, _MM_SHUFFLE(3, 1, 2, 0));
            var r03 = Avx.Shuffle(rxy, rzx, _MM_SHUFFLE(2, 0, 2, 0));
            var r14 = Avx.Shuffle(ryz, rxy, _MM_SHUFFLE(3, 1, 2, 0));
            var r25 = Avx.Shuffle(rzx, ryz, _MM_SHUFFLE(3, 1, 3, 1));

            Avx.Store(pXyz + 0, Avx.ExtractVector128(r03, 0));
            Avx.Store(pXyz + 4, Avx.ExtractVector128(r14, 0));
            Avx.Store(pXyz + 8, Avx.ExtractVector128(r25, 0));
            Avx.Store(pXyz + 12, Avx.ExtractVector128(r03, 1));
            Avx.Store(pXyz + 16, Avx.ExtractVector128(r14, 1));
            Avx.Store(pXyz + 20, Avx.ExtractVector128(r25, 1));
        }
    }

    // _MM_SHUFFLE
    static private byte _MM_SHUFFLE(int a, int b, int c, int d)
    {
        return (byte)(a << 6 | b << 4 | c << 2 | d);
    }
    }
}
```

　基本的に先のプログラムを 256 ビットへ拡張しただけです。Aos2soa メソッドで AOS 形式を SOA 形式へ変換し、それを Soa2aos メソッドで SOA 形式から AOS 形式へ戻します。これによって、最後の結果は入力と同じ並びに戻るはずです。以降に実行結果を示します。

```
org: 01 02 03 11 12 13 21 22 23 31 32 33 41 42 43 51 52 53 61 62 63 71 72 73
SOA: 01 11 21 31 41 51 61 71 02 12 22 32 42 52 62 72 03 13 23 33 43 53 63 73
AOS: 01 02 03 11 12 13 21 22 23 31 32 33 41 42 43 51 52 53 61 62 63 71 72 73
```

　データの下 1 桁が、1 は x、2 は y、3 は z を示し、上位の桁は 3D ベクトルの番号を表します。入力の AOS 形式を SOA 形式へ変換し、それを再び SOA 形式から AOS 形式へ戻します。org と AOS が同じ並びになっているのがわかるでしょう。入力は x0,y0,z0, x1,y1,z1, x2,y2,z2, x3,y3,z3 順、SOA は x0,x1,x2,x3, y0,y1,y2,y3, z0,z1,z2,z3、そして AOS で元に戻っています。

5.4　一般化したメソッド

　直前のプログラムは一度に 24 要素の（8 ベクトル× 3D データ）しか処理できません。これでは実際のプログラムで使用しにくいため、長さを渡し任意長のデータを AOS-SOA 間で並びを変換するプログラムを紹介します。任意長と書きましたが、[8 ベクトル× 3D データ]に揃っていなければなりませんので、要素数は 24 の整数倍である必要があります。以降に、ソースリストの主要な部分を示します。

リスト5.4●30Aos2Soa¥04Soa2AosLong¥（主要な部分）

```
　⋮
static void Main(string[] _)
{
    const int length = 1536;

    if (length % 24 != 0)
        return;

    var a = new float[length];
    var s = new float[length];
    var x = new float[length / 3];
```

```
    var y = new float[length / 3];
    var z = new float[length / 3];

    init(a, length);

    PrintArray("org: ", a, length);

    Aos2soa(a, x, y, z, length);              // AOS -> SOA
    PrintArray("x: ", x, length / 3);
    PrintArray("y: ", y, length / 3);
    PrintArray("z: ", z, length / 3);

    Soa2aos(x, y, z, s, length);              // SOA -> AOS
    PrintArray("AOS: ", a, length);

    for (int i = 0; i < length; i++) // error check
        if (a[i] != s[i])
            Console.WriteLine("error at {0}", i);
}

    ⋮

// AOS -> SOA
//
//   x0,y0,z0, x1,y1,z1, x2,y2,z2, x3,y3,z3, ...
// ->
//   x0,x1,x2,x3, ...
//   y0,y1,y2,y3, ...
//   z0,z1,z2,z3, ...
//
static private unsafe void Aos2soa(float[] xyz, float[] xx, float[] yy, float[] zz, int
length)
{
    fixed (float* pXyz = xyz)
    fixed (float* px = xx)
    fixed (float* py = yy)
    fixed (float* pz = zz)
    {
        float* m = pXyz;
        float* tmpx = px;
```

```
        float* tmpy = py;
        float* tmpz = pz;

        for (int i = 0; i < length; i += 24, tmpx += 8, tmpy += 8, tmpz += 8, m += 24)
        {
            // 下半分のロード
            var m03 = Avx.LoadVector256(m + 0);
            var m14 = Avx.LoadVector256(m + 4);
            var m25 = Avx.LoadVector256(m + 8);

            // 上半分のロード
            m03 = Avx.InsertVector128(m03, Sse.LoadVector128(m + 12), 1);
            m14 = Avx.InsertVector128(m14, Sse.LoadVector128(m + 16), 1);
            m25 = Avx.InsertVector128(m25, Sse.LoadVector128(m + 20), 1);

            var xy = Avx.Shuffle(m14, m25, _MM_SHUFFLE(2, 1, 3, 2));    // xとyの上部分
            var yz = Avx.Shuffle(m03, m14, _MM_SHUFFLE(1, 0, 2, 1));    // yの下部分とz

            var x = Avx.Shuffle(m03, xy, _MM_SHUFFLE(2, 0, 3, 0));
            var y = Avx.Shuffle(yz, xy, _MM_SHUFFLE(3, 1, 2, 0));
            var z = Avx.Shuffle(yz, m25, _MM_SHUFFLE(3, 0, 3, 1));

            Avx.Store(tmpx, x);
            Avx.Store(tmpy, y);
            Avx.Store(tmpz, z);
        }
    }
}
```

```
// SOA -> AOS
//
//   x0,x1,x2,x3, ...
//   y0,y1,y2,y3, ...
//   z0,z1,z2,z3, ...
// ->
//   x0,y0,z0, x1,y1,z1, x2,y2,z2, x3,y3,z3, ...
//
static private unsafe void Soa2aos(float[] xx, float[] yy, float[] zz, float[] xyz, int
length)
{
```

```
    fixed (float* pXyz = xyz)
    fixed (float* px = xx)
    fixed (float* py = yy)
    fixed (float* pz = zz)
    {
        float* m = pXyz;

        //1回に24ユニット、8x+8y+8z、x,y,z=float
        for (int i = 0; i < length; i += 24, m += 24)
        {
            var x = Avx.LoadVector256(px + (i / 3));
            var y = Avx.LoadVector256(py + (i / 3));
            var z = Avx.LoadVector256(pz + (i / 3));

            var rxy = Avx.Shuffle(x, y, _MM_SHUFFLE(2, 0, 2, 0));
            var ryz = Avx.Shuffle(y, z, _MM_SHUFFLE(3, 1, 3, 1));
            var rzx = Avx.Shuffle(z, x, _MM_SHUFFLE(3, 1, 2, 0));
            var r03 = Avx.Shuffle(rxy, rzx, _MM_SHUFFLE(2, 0, 2, 0));
            var r14 = Avx.Shuffle(ryz, rxy, _MM_SHUFFLE(3, 1, 2, 0));
            var r25 = Avx.Shuffle(rzx, ryz, _MM_SHUFFLE(3, 1, 3, 1));

            Avx.Store(m + 0, Avx.ExtractVector128(r03, 0));
            Avx.Store(m + 4, Avx.ExtractVector128(r14, 0));
            Avx.Store(m + 8, Avx.ExtractVector128(r25, 0));
            Avx.Store(m + 12, Avx.ExtractVector128(r03, 1));
            Avx.Store(m + 16, Avx.ExtractVector128(r14, 1));
            Avx.Store(m + 20, Avx.ExtractVector128(r25, 1));
        }
    }
}

// _MM_SHUFFLE
static private byte _MM_SHUFFLE(int a, int b, int c, int d)
{
    return (byte)(a << 6 | b << 4 | c << 2 | d);
}

    ⋮
```

　先の関数を拡張し、Aos2soa メソッドと Soa2aos メソッドに長さを渡します。また、SOA 形式のデータを格納するメモリを、x、y、z それぞれに分離したアドレスを受け渡すようにします。これにより、長大な AOS 形式のデータを SOA 形式に分離し、一連の演算処理を行った後、再び AOS 形式へ戻すことができます。

　データが膨大になり目視で動作チェックが困難なため、チェック機構も組み込みます。基本的にこれまでの例と同じ流れです。まず、AOS 形式を SOA 形式へ変換する Aos2soa メソッドを呼び出します。次に、処理結果の SOA 形式を AOS 形式へ変換する Soa2aos メソッドを呼び出します。以降に実行結果を示します。

```
org:  001 002 003 011 012 013 021 022 023 031 032 033 041 042 043 051 052 053 061 ...
5111 5112 5113
x:    001 011 021 031 041 051 061 071 081 091 ... 5111
y:    002 012 022 032 042 052 062 072 082 092 ... 5112
z:    003 013 023 033 043 053 063 073 083 093 ... 5113
AOS:  001 002 003 011 012 013 021 022 023 031 032 033 041 042 043 051 052 053 061 ...
5111 5112 5113
```

第6章

ベンチマーク

ごく普通に C# で記述したプログラムと System.Runtime.Intrinsics.X86 クラスなどのメソッドを使用して記述したプログラムの性能比較を行います。性能評価は、Stopwatch クラスを利用したものも示しますが、主に BenchmarkDotNet を利用します。

6.1 Stopwatch クラス

第4章「簡単な応用例」で使用したプログラムを少し変更し、性能評価してみましょう。まず、性能評価で真っ先に思いつく StopWatch クラスを使って処理時間を基に評価します。以降に、StopWatch クラスを採用したプログラムのソースリストを示します。

リスト6.1●40basicBench¥01AddArraysSw¥

```
using System.Runtime.Intrinsics;
using System.Runtime.Intrinsics.X86;
using System.Diagnostics;

namespace ConsoleApp
{
    public static class Exe
```

```
    {
        // by simd
        static public unsafe void BenchAvx(float[] a, float[] b, float[] c, int length)
        {
            fixed (float* pa = a)
            fixed (float* pb = b)
            fixed (float* pc = c)
            {
                for (int i = 0; i < length; i += Vector256<float>.Count)
                {
                    var va = Avx.LoadVector256(pa + i);
                    var vb = Avx.LoadVector256(pb + i);
                    var vc = Avx.Add(va, vb);
                    Avx.Store(pc + i, vc);
                }
            }
        }

        // by C#
        static public void BenchCsharp(float[] a, float[] b, float[] c, int length)
        {
            for (int i = 0; i < length; i++)
            {
                c[i] = a[i] + b[i];
            }
        }
    }

    public class Benchmark
    {
        private int Length;
        private float[] a;
        private float[] b;
        private float[] cSimd;
        private float[] cCsharp;

        public Benchmark()
        {
            Length = 65456;
            a = new float[Length];
```

```
        b = new float[Length];
        cSimd = new float[Length];
        cCsharp = new float[Length];

        for (int i = 0; i < Length; i++)
        {
            a[i] = i;
            b[i] = i + 10;
        }
    }

    public void Avx()
    {
        Exe.BenchAvx(a, b, cSimd, Length);
    }

    public void Csharp()
    {
        Exe.BenchCsharp(a, b, cCsharp, Length);
    }
}

class Program
{
    static void Main(string[] args)
    {
        Benchmark bm = new();

        var sw = new Stopwatch();
        sw.Start();
        for (int i = 0; i < 16; i++)
        {
            sw.Restart();
            bm.Avx();
            sw.Stop();
            var avxElapsed = sw.Elapsed.TotalMilliseconds;
            sw.Restart();
            bm.Csharp();
            sw.Stop();
            var csElapsed = sw.Elapsed.TotalMilliseconds;
```

```
                Console.WriteLine("C#/Avx = {0,6:f4}/{1,6:f4} = {2:f4}",
                                csElapsed, avxElapsed, csElapsed / avxElapsed);
        }
      }
    }
}
```

StopWatch クラスを利用したいので、先頭に「using System.Diagnostics;」を追加します。そして、System.Runtime.Intrinsics クラスや System.Runtime.Intrinsics.X86 クラスを使用して記述したメソッド、および C# で一般的に記述したメソッドの前後を StopWatch クラスの Restart メソッドと Stop メソッドで挟み、Elapsed から経過時間を取得します。実行例を次に示します。

```
C#/Avx = 0.1522/1.0560 = 0.1441
C#/Avx = 0.0429/0.0779 = 0.5507
C#/Avx = 0.0521/0.0284 = 1.8345
C#/Avx = 0.0356/0.0469 = 0.7591
C#/Avx = 0.0698/0.0142 = 4.9155
C#/Avx = 0.0693/0.0145 = 4.7793
C#/Avx = 0.0693/0.0156 = 4.4423
C#/Avx = 0.0690/0.0155 = 4.4516
C#/Avx = 0.0525/0.0186 = 2.8226
C#/Avx = 0.0621/0.0301 = 2.0631
C#/Avx = 0.0614/0.0133 = 4.6165
C#/Avx = 0.0483/0.0133 = 3.6316
C#/Avx = 0.0614/0.0132 = 4.6515
C#/Avx = 0.0615/0.0135 = 4.5556
C#/Avx = 0.0482/0.0134 = 3.5970
C#/Avx = 0.0486/0.0132 = 3.6818
```

本プログラムは、ベンチマークを 16 回繰り返すようにします。これは StopWatch クラスを利用した場合、得られる結果がばらつくため、最低でも 16 回ほど連続して計測したためです。結果を観察すると、最初の数回は適切とは思われない結果が得られます。これはメモリーのキャッシュ状況や JIT（Just-In-Time）などが影響しているのではないかと想像します。いずれにしても、外れ値のような値が先頭部分に観察されるので、最後から 10 回分を評価に使用します。

表6.1●ベンチマーク結果

	処理時間（C#/Avx）	C#/Avx
1 回目	0.0693/0.0156	4.4423
2 回目	0.0690/0.0155	4.4516
3 回目	0.0525/0.0186	2.8226
4 回目	0.0621/0.0301	2.0631
5 回目	0.0614/0.0133	4.6165
6 回目	0.0483/0.0133	3.6316
7 回目	0.0614/0.0132	4.6515
8 回目	0.0615/0.0135	4.5556
9 回目	0.0482/0.0134	3.5970
10 回目	0.0486/0.0132	3.6818
合計 / 平均	0.5823/0.1597	3.6462

6

　結果から、System.Runtime.Intrinsics.X86 クラスなどを使用して記述したメソッドが、一般的に記述した C# のメソッドより約 3.6 倍高速になっているのを観察できます。先に述べたように、StopWatch クラスを利用した性能評価では、計測結果がばらつくことを観察できました。ただ、連続で計測するようにしたため、傾向をつかむことに困難はありません。1 回のみの測定では、キャッシュ状況や JIT（Just-In-Time）などが影響しているのか、適切な結果は得られませんでした。

6.2 BenchmarkDotNet

　性能評価を行う場合、前節のように StopWatch クラスなどを利用し処理時間を計測する方法を採用することが少なくありません。ただし、前節の方法では、誤差を考えて複数回実行する必要があり、そうして得られた結果から外れ値を除くといったことも自身で行う必要があります。そこで本節では、より正確な性能評価が期待できる BenchmarkDotNet を使用して評価する方法を紹介します。

　BenchmarkDotNet は、Visual Studio をインストールしただけでは利用できません。性能評価に先立って BenchmarkDotNet をインストールしましょう。BenchmarkDotNet を使用できる環境は、.NET Framework 4.6 以降か、.NET Core 1.1 以降です。

　BenchmarkDotNet は、パッケージマネージャーコンソールでインストールすることも可能ですが、ここでは Visual Studio のメニューに用意されている NuGet からインストールする方法を紹介します。まず、［プロジェクト］→［NuGet パッケージの管理］を選択します。

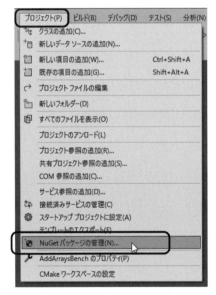

図6.1● ［**プロジェクト**］ → ［**NuGetパッケージの管理**］

　NuGet パッケージが現れるので［参照］を選択し、検索欄に「BenchmarkDotNet」と入力します。BenchmarkDotNet はフルスペルである必要はありません、途中まで入力すると BenchmarkDotNet が現れるので、それを選択してください。

図6.2●BenchmarkDotNetを選択

　すると、隣に［インストール］が現れるので、クリックしてインストールします。

図6.3●［インストール］をクリック

　［インストール］をクリックすると「変更のプレビュー」や「ライセンスへの同意」などのダイアログが現れる場合がありますので、適切に応答してください。しばらく待つとインストールが完了します。NuGet パッケージの「インストール済み」に BenchmarkDotNet が現れたら正常にインストールされています。

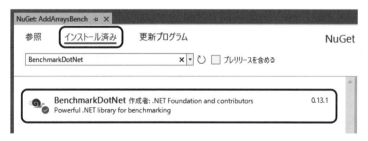

図6.4●インストール完了

　なお、BenchmarkDotNet の詳細を知りたい人は公式サイト（https://benchmarkdotnet.org/）を参照してください。

　以降に、BenchmarkDotNet へ対応させたソースリストを示します。ほとんど先のプログラムと同じです。先のものと異なる部分に網掛した主要な部分を示します。

リスト6.2●40basicBench¥02AddArraysBench¥（抜粋）

```
using System.Runtime.Intrinsics;
using System.Runtime.Intrinsics.X86;
using BenchmarkDotNet.Running;
using BenchmarkDotNet.Attributes;

namespace ConsoleApp
{
    public static class Exe
    {
        ⋮
    }

    //[DryJob]
    //[ShortRunJob]
    public class Benchmark
    {
        ⋮
        [Benchmark(Baseline = true)]
        public void Avx()
        {
            ⋮
        }


        [Benchmark]
        public void Csharp()
        {
            ⋮
        }
    }

    class Program
    {
        static void Main(string[] args)
        {
            BenchmarkRunner.Run<Benchmark>();
```

```
        }
    }
}
```

BenchmarkDotNet を使用するため、「using BenchmarkDotNet.Running;」と「using Benchmark DotNet.Attributes;」を追加します。そして、性能評価したいメソッドへ [Benchmark] を追加します。

性能評価したいメソッドへ引数を与えることはできますが、引数の値を BenchmarkDotNet の作法に倣って設定する必要がありますので、簡便にベンチマークしたい場合は、メソッドを引数なしにしましょう。なお、メソッドは public メソッドでなければなりません。ここでは、Avx メソッドには、Benchmark のオプションである (Baseline = true) を指定します。これを指定すると、レポートは Avx メソッドの性能を 1.0 とした値で出力されます。基本となるメソッドに (Baseline = true) を指定すると性能を評価するのが簡単になります。もちろん [Benchmark] のみでも構いません。

ベンチマークを行うには、エントリポイントで対象クラスを BenchmarkRunner.Run へ与えるだけです。あとは実行するだけで情報を得られます。ただし、コンフィグなどの用意をしていない場合は、「Release ビルド、かつデバッガなし」で実行してください。あるいは、Release ビルドした後コンソールを開き、ソリューションファイルかプロジェクトファイル（.slnまたは .csproj）が存在するフォルダーで対象プログラムを実行してください。

BenchmarkDotNet は正確に結果を出そうとするため、何回も実行し結果を安定させます。このため、性能評価には、ある程度の時間を費やします。正確な評価を行う必要がないときは、ベンチマーク対象クラスに、[DryJob] や、[ShortRunJob] を付けることで、実行時間を短縮できます。筆者が試した限り、[DryJob] は、文字通り試運転なので、性能評価には有効な方法とは思えません。[DryJob] はプログラムが正常に動作するか確認するために使用すると良いでしょう。[ShortRunJob] は、だいたいの性能の傾向を簡単に測定するためには有効と思われます。正確に性能評価したい場合は、[DryJob] や [ShortRunJob] を付けない方が良いでしょう。

BenchmarkDotNet を使用した性能評価のまとめ

1. 性能評価したいメソッド含むクラスを作成する。
2. 性能評価したいメソッドは public とする。
3. 性能評価したいメソッドは引数なしとすると単純化できる。
4. 性能評価したいメソッドに [Benchmark] を付加する。
5. エントリポイントで BenchmarkRunner.Run の引数に性能評価対象クラスを与える。
6. Release でビルドし、Ctrl + F5（デバッグなしで開始）を押す。

これでコンソールに性能評価の結果が表示されます。

　性能評価の結果情報は大量に出力されます。詳細は出力結果と公式サイトの説明を読んでください。ここでは、重要な部分だけ説明します。

```
// * Summary *

BenchmarkDotNet=v0.13.1, OS=Windows 10.0.19044.1586 (21H2)
Intel Core i5-6600 CPU 3.30GHz (Skylake), 1 CPU, 4 logical and 4 physical cores
.NET SDK=6.0.200
  [Host]     : .NET 6.0.2 (6.0.222.6406), X64 RyuJIT
  DefaultJob : .NET 6.0.2 (6.0.222.6406), X64 RyuJIT


| Method |     Mean |   Error |  StdDev | Ratio | RatioSD |
|------- |---------:|--------:|--------:|------:|--------:|
|    Avx | 13.24 us | 0.209 us | 0.196 us |  1.00 |    0.00 |
| Csharp | 34.94 us | 0.512 us | 0.428 us |  2.64 |    0.05 |

// * Hints *
Outliers
  Benchmark.Csharp: Default -> 2 outliers were removed, 5 outliers were detected (34.16
us..34.27 us, 35.34 us, 35.78 us)

// * Legends *
  Mean    : Arithmetic mean of all measurements
  Error   : Half of 99.9% confidence interval
  StdDev  : Standard deviation of all measurements
  Ratio   : Mean of the ratio distribution ([Current]/[Baseline])
  RatioSD : Standard deviation of the ratio distribution ([Current]/[Baseline])
  1 us    : 1 Microsecond (0.000001 sec)

// ***** BenchmarkRunner: End *****
// ** Remained 0 benchmark(s) to run **
Run time: 00:00:36 (36.99 sec), executed benchmarks: 2

Global total time: 00:00:41 (41.77 sec), executed benchmarks: 2
// * Artifacts cleanup *
```

表示の最後の方にサマリが表示されます。「* Summary *」と表示される部分です。まず、実行環境が表示されます。この例では、BenchmarkDotNet のバージョンは v0.13.1、OS は Windows 10.0.19044.1586 (21H2)、CPU が Intel Core i5-6600 CPU 3.30GHz (Skylake)、.NET が SDK=6.0.200 であることが分かります。次の表がメソッドの性能を表しています。

Mean が全測定値の平均、Ratio が比率分布の平均です。この Ratio でメソッドの性能差を知ることができます。このプログラムでは、Avx メソッドに [Benchmark(Baseline = true)] を与えたため、このメソッドの Ratio は必ず 1.0 です。このため、Csharp メソッドの Ratio の値がそのまま性能差を表します。つまり、Csharp メソッドは Avx メソッドに比べ 2.64 倍低速（処理時間が 2.64 倍）であることが分かります。この値は、それぞれの Mean の値を除算したものと同じです。

さて、結論ですが StopWatch クラスを利用する場合に比べ、BenchmarkDotNet を利用すると、より正確で詳細な情報を得ることができます。何回も実行し、誤差（標準偏差やエラー値）なども表示されます。この例でも、「* Hints *」に Csharp メソッドで 2 つの外れ値が削除され、5 つの外れ値が検出されたことが表示されています。このレポートは実行するたびに変化します。基本的に表を覗くだけで性能の評価ができます。ただし、偏差が大きいとか、あるいは外れ値が多くないかはチェックした方が良いでしょう。

なお、いくつかのファイルがエキスポートされます。

```
// * Export *
  BenchmarkDotNet.Artifacts¥results¥ConsoleApp.Benchmark-report.csv
  BenchmarkDotNet.Artifacts¥results¥ConsoleApp.Benchmark-report-github.md
  BenchmarkDotNet.Artifacts¥results¥ConsoleApp.Benchmark-report.html
```

これらのファイルを開けば、正確な性能評価の結果を綺麗な形や Excel ファイルとして表示できます。試しに、本例の ConsoleApp.Benchmark-report.html をブラウザで表示させた例を示します。ファイルは、Visual Studio から実行した場合は、プロジェクトファイルのフォルダーの「¥bin¥Release¥net6.0¥BenchmarkDotNet.Artifacts¥results¥」配下に格納され、コンソールから実行した場合はカレントフォルダーの「BenchmarkDotNet.Artifacts¥results¥」配下に格納されます。なお、「¥bin¥Release¥」以降はプロジェクトの作成法に依存しますので、必ずしもこの例と一致するとは限りません。

```
BenchmarkDotNet=v0.13.1, OS=Windows 10.0.19044.1586 (21H2)
Intel Core i5-6600 CPU 3.30GHz (Skylake), 1 CPU, 4 logical and 4 physical cores
.NET SDK=6.0.200
  [Host]     : .NET 6.0.2 (6.0.222.6406), X64 RyuJIT
  DefaultJob : .NET 6.0.2 (6.0.222.6406), X64 RyuJIT
```

Method	Mean	Error	StdDev	Ratio	RatioSD
Avx	13.24 μs	0.209 μs	0.196 μs	1.00	0.00
Csharp	34.94 μs	0.512 μs	0.428 μs	2.64	0.05

図6.5●ConsoleApp.Benchmark-report.htmlをブラウザで表示

6.3 乗算

先のプログラムを乗算へ変更した例を示します。ソースリストは先のプログラムに近いため変更部分だけ示します。

リスト6.3●40basicBench¥03MulArraysBench¥（抜粋）

```
    ⋮
public static class Exe
{
    // by simd
    static public unsafe void BenchAvx(float[] a, float[] b, float[] c, int length)
    {
        ⋮
            var vc = Avx.Multiply(va, vb);
        ⋮
    }

    // by C#
    static public void BenchCsharp(float[] a, float[] b, float[] c, int length)
    {
        ⋮
        c[i] = a[i] * b[i];
        ⋮
    }
}
```

⋮

実行結果を示します。性能評価の結果は大量に出力されますが、ここでは Ratio の部分だけ示します。

```
| Method |   Mean   |  Error   |  StdDev  | Ratio | RatioSD |
|------- |---------:|---------:|---------:|------:|--------:|
|    Avx | 13.56 us | 0.261 us | 0.330 us |  1.00 |    0.00 |
| Csharp | 35.47 us | 0.673 us | 0.775 us |  2.62 |    0.10 |
```

Csharp メソッドは Avx メソッドに比べ 2.62 倍低速であることが分かります。

6.4 一次元配列に定数を乗ずる

　第 4 章「簡単な応用例」章の 4.3 節「長大な一次元配列に定数を乗ずる」で使用したプログラムを変更し、性能評価してみましょう。基本的に前節のプログラムに近いですが、小さな違いがあるのでソースリスト全体を示します。

リスト6.4●40basicBench¥04MulArraysKBench¥（抜粋）

```
using System.Runtime.Intrinsics;
using System.Runtime.Intrinsics.X86;
using BenchmarkDotNet.Running;
using BenchmarkDotNet.Attributes;

namespace ConsoleApp
{
    public static class Exe
    {
        // by simd
        static public unsafe void BenchAvx(float[] a, float k, float[] c, int length)
        {
            var vk = Avx.BroadcastScalarToVector256(&k);
            fixed (float* pa = a)
```

```
        fixed (float* pc = c)
        {
            for (int i = 0; i < length; i += Vector256<float>.Count)
            {
                var va = Avx.LoadVector256(pa + i);
                var vc = Avx.Add(va, vk);
                Avx.Store(pc + i, vc);
            }
        }
    }

    // by C#
    static public void BenchCsharp(float[] a, float k, float[] c, int length)
    {
        for (int i = 0; i < length; i++)
        {
            c[i] = a[i] * k;
        }
    }
}

public class Benchmark
{
    private int Length;
    private float k = 0.8123f;
    private float[] a;
    private float[] cSimd;
    private float[] cCsharp;

    public Benchmark()
    {
        Length = 65456;
        k = 0.8123f;
        a = new float[Length];
        cSimd = new float[Length];
        cCsharp = new float[Length];

        for (int i = 0; i < Length; i++)
        {
            a[i] = i;
```

```
            }
        }

        [Benchmark(Baseline = true)]
        public void Avx()
        {
            Exe.BenchAvx(a, k, cSimd, Length);
        }

        [Benchmark]
        public void Csharp()
        {
            Exe.BenchCsharp(a, k, cCsharp, Length);
        }
    }

    class Program
    {
        static void Main(string[] args)
        {
            BenchmarkRunner.Run<Benchmark>();
        }
    }
}
```

プログラム自体については、既に以前の章で解説済みです。性能評価の結果は大量に出力されますが、ここでは Ratio の部分だけ示します。

Method	Mean	Error	StdDev	Ratio	RatioSD
Avx	9.714 us	0.1316 us	0.1231 us	1.00	0.00
Csharp	28.532 us	0.5628 us	0.7514 us	**2.94**	0.09

Csharp メソッドは Avx メソッドに比べ 2.94 倍低速であることが分かります。

6.5 長い配列の総和を求める

　第4章「簡単な応用例」章の4.4節「配列の水平演算」の「長い配列の総和を求める」で使用したプログラムを変更し、性能評価してみましょう。基本的に前節のプログラムに近いので、ソースリストの一部を示します。

リスト6.5●40basicBench¥05HAddArraysBench¥（抜粋）

```
    ⋮
namespace ConsoleApp
{
    public static class Exe
    {
        // by simd
        static public unsafe float BenchAvx(float[] a, int length)
        {
            ⋮
        }

        // by C#
        static public float BenchCsharp(float[] a, int length)
        {
            ⋮
        }
    }

    public class Benchmark
    {
        private int Length;
        private float[] a;
        private float sumSimd;
        private float sumCsharp;

        public Benchmark()
        {
            Length = 65456;
            a = new float[Length];
```

```
            for (int i = 0; i < Length; i++)
            {
                a[i] = i;
            }
        }


        [Benchmark(Baseline = true)]
        public void Avx()
        {
            sumSimd = Exe.BenchAvx(a, Length);
        }


        [Benchmark]
        public void Csharp()
        {
            sumCsharp = Exe.BenchCsharp(a, Length);
        }
    }

    class Program
    {
        static void Main(string[] args)
        {
            BenchmarkRunner.Run<Benchmark>();
        }
    }
}
```

BenchAvx メソッドや BenchCsharp メソッドは、メソッド名が異なるだけで、第4章の例と同じです。プログラム自体については、既に以前の章で解説済みですので省きます。性能評価の結果のうち、Ratio の部分だけを次に示します。

Method	Mean	Error	StdDev	Ratio	RatioSD
Avx	8.691 us	0.1202 us	0.1125 us	1.00	0.00
Csharp	70.887 us	1.3914 us	1.6564 us	**8.15**	0.22

Csharp メソッドは Avx メソッドに比べ 8.15 倍低速であることが分かります。このように内容によって性能向上の比率は大きく変わります。演算量の多いプログラムでは、System.Runtime.Intrinsics.X86 クラスのメソッドなどを使用して記述すると大幅に性能向上する可能性があります。

なお、BenchmarkDotNet は他にもさまざまな機能があり、プログラムの性能評価に大きく役立つと思われます。興味のある人は、公式サイトのドキュメントやサンプルを参照してみてください。

Avx メソッドに指定している (Baseline = true) を外してみましょう。つまり、次のように変更します。

```
[Benchmark(Baseline = true)] ➡ [Benchmark]
```

この状態で実行すると、表示結果に Ratio の列が現れなくなります。

```
| Method |     Mean |     Error |    StdDev |
|------- |----------:|----------:|----------:|
|    Avx |  8.528 us | 0.0300 us | 0.0280 us |
| Csharp | 68.598 us | 1.1091 us | 0.9261 us |
```

性能差は Mean を除するなりして比較してください。いずれかのメソッドを基準に性能差を観察したい場合は (Baseline = true) を指定すると便利ですが。単に処理時間などを観察したい場合は指定する必要はないでしょう。

第7章

ヘルパークラス

　これまで解説したように、一般的に定義した配列などを System.Runtime.Intrinsics クラスや System.Runtime.Intrinsics.X86 クラスで使用すると、メソッドに unsafe を指定しなければなりません。また、配列にアクセスするには fixed ステートメントなどを利用し、対象メモリーブロックをガベージコレクターから除外する必要があります。ここでは、そのようなコードをクラスに押し込んで 面倒な記述を排除するヘルパークラスを紹介します。

7.1 配列同士の加算（1）

　第2章「はじめてのプログラム」の 2.3 節「fixed ステートメント」で紹介したプログラムを、ヘルパークラスを使って書き換えてみましょう。まず、以前紹介したプログラムのソースリストを示します。

リスト7.1●01begin¥03AddAvxPined¥Program.cs

```
using System.Runtime.Intrinsics;
using System.Runtime.Intrinsics.X86;

namespace ConsoleApp
```

```
{
    class Program
    {
        static unsafe void Main(string[] args)
        {
            float[] a = { 1f, 2f, 3f, 4f, 5f, 6f, 7f, 8f };
            float[] b = { 11f, 12f, 13f, 14f, 15f, 16f, 17f, 18f };
            var c = new float[a.Length];

            fixed (float* pa = a)
            fixed (float* pb = b)
            fixed (float* pc = c)
            {
                var va = Avx.LoadVector256(pa);
                var vb = Avx.LoadVector256(pb);
                var vc = Avx.Add(va, vb);
                Avx.Store(pc, vc);
            }

            for (int i = 0; i < a.Length; i++)
            {
                Console.WriteLine("{0} + {1} = {2}", a[i], b[i], c[i]);
            }
        }
    }
}
```

　本プログラムは配列を fixed ステートメントでピン留めする必要があります。このためメソッドにunsafeの指定が必要です。このようなコードをクラス内にカプセル化する方法を紹介します。これによって、プログラムを単純化し、可読性を向上させることができます。

　まず、ヘルパークラスを説明します。プロジェクトにクラスを追加するには、「プロジェクト」メニューの「クラスの追加」を選択します。「新しい項目の追加」ダイアログが現れますので、「Visual C# アイテム」 -「クラス」を選択し、クラス名を入力します。ここでは、クラス名に CHelpper.cs を指定します。以降に、追加したクラスのソースリストを示します。

リスト7.2●50Helper¥03AddAvxPined¥AddAvxPined¥CHelpper.cs

```csharp
using System.Runtime.Intrinsics;
using System.Runtime.Intrinsics.X86;

namespace ConsoleApp
{
    internal class CHelpper
    {
        // float[] -> Vector256<float>
        public unsafe Vector256<float> Array2Vector(float[] array, int index)
        {
            fixed (float* p = array)
            {
                return Avx.LoadVector256(p + index);
            }
        }

        // Vector256<float> -> float[]
        public unsafe void Vector2Array(float[] array, int index, Vector256<float> v)
        {
            fixed (float* p = array)
            {
                Avx.Store(p + index, v);
            }
        }

        // BroadcastScalarToVector256
        public unsafe Vector256<float> BroadcastScalarToVector256(float k)
        {
            return Avx.BroadcastScalarToVector256(&k);
        }
    }
}
```

Array2Vector メソッドは、配列の index 番目からの配列を Vector256<float> へ変換するメソッドです。fixed ステートメントを使いますので、メソッドには unsafe を指定します。

Vector2Array メソッドは、Vector256<float> を配列の index 番目へ格納するメソッドです。上記同様、メソッドには unsafe が必要です。BroadcastScalarToVector256 メソッドは本節では使

用しません。これについては後述します。

　次に、一次元配列同士の加算を行い、結果を一次元配列へ格納するメインプログラムのソースリストを示します。

```csharp
using System.Runtime.Intrinsics.X86;

namespace ConsoleApp
{
    class Program
    {
        static void Main(string[] args)
        {
            float[] a = { 1f, 2f, 3f, 4f, 5f, 6f, 7f, 8f };
            float[] b = { 11f, 12f, 13f, 14f, 15f, 16f, 17f, 18f };
            var c = new float[a.Length];

            CHelpper ch = new();
            var va = ch.Array2Vector(a, 0);
            var vb = ch.Array2Vector(b, 0);
            var vc = Avx.Add(va, vb);
            ch.Vector2Array(c, 0, vc);

            for (int i = 0; i < a.Length; i++)
            {
                Console.WriteLine("{0} + {1} = {2}", a[i], b[i], c[i]);
            }
        }
    }
}
```

　ヘルパークラスを用いることによって、実際の演算処理を行うメインのコードから unsafe や fixed ステートメントが必要なくなりコードは単純になります。最初のプログラムの Main メソッドは以下の形式です。

```csharp
static unsafe void Main(string[] args)
```

本プログラムの Main メソッドは以下の形式で、unsafe は存在しません。

```
static void Main(string[] args)
```

演算処理部も単純化されます。以降に、先のプログラムと本プログラムのソースリストを対比して示します。

まず、先のコードを示します。

```
fixed (float* pa = a)
fixed (float* pb = b)
fixed (float* pc = c)
{
    var va = Avx.LoadVector256(pa);
    var vb = Avx.LoadVector256(pb);
    var vc = Avx.Add(va, vb);
    Avx.Store(pc, vc);
}
```

次に、本プログラムのコードを示します。

```
CHelpper ch = new();
var va = ch.Array2Vector(a, 0);
var vb = ch.Array2Vector(b, 0);
var vc = Avx.Add(va, vb);
ch.Vector2Array(c, 0, vc);
```

このように、ヘルパークラスを使用すると、メインプログラムから unsafe や fixed ステートメントがなくなります。これによって、コードが単純化されるため可読性が向上します。さらには、多数のオーバーロードを用意すれば、データ型や 128 ビット、256 ビットの判断も行わなくて良くなるでしょう。

コードが簡潔になり可読性は向上しますが、頻繁にメモリーブロックをガベージコレクターから外したり、あるいは対象とするため性能低下が懸念されます。

7.2 配列同士の加算（2）

　第4章「簡単な応用例」で開発した配列同士を加算するプログラムを、先のヘルパークラスを使って書き換えてみましょう。以前のプログラムと異なるのは vVecAddAvx メソッドのみです。

　まず、先のメソッドを示します。

リスト7.4●リスト4.1のvVecAddAvxメソッド

```csharp
static private unsafe void vVecAddAvx(float[] a, float[] b, float[] c, int length)
{
    fixed (float* pa = a)
    fixed (float* pb = b)
    fixed (float* pc = c)
    {
        for (int i = 0; i < length; i += Vector256<float>.Count)
        {
            var va = Avx.LoadVector256(pa + i);
            var vb = Avx.LoadVector256(pb + i);
            var vc = Avx.Add(va, vb);
            Avx.Store(pc + i, vc);
        }
    }
}
```

　次に、前節のクラスを使って書き換えたメソッドを示します。

```csharp
static private void vVecAddAvx(float[] a, float[] b, float[] c, int length)
{
    CHelpper ch = new();
    for (int i = 0; i < length; i += Vector256<float>.Count)
    {
        Vector256<float> va = ch.Array2Vector(a, i);
        Vector256<float> vb = ch.Array2Vector(b, i);
        Vector256<float> vc = Avx.Add(va, vb);
        ch.Vector2Array(c, i, vc);
    }
}
```

　メソッドから unsafe や fixed ステートメントがなくなり単純なコードになり可読性が向上します。

　ヘルパークラスの CHelpper.cs は、先の節で開発したクラスを使用します。このため、プロジェクトへクラスを追加する際に、既存のものを追加するとともに実体ではなくリンクで追加すると良いでしょう。以降に、プロジェクトへヘルパークラスをリンクで追加する方法を示します。[プロジェクト] → [既存項目の追加] を選びます。

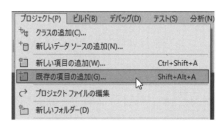

図7.1● [プロジェクト] → [**既存項目の追加**]

　次に、「既存項目の追加」ダイアログが現れますので、目的のファイルを選択し、[追加] の▼を押して [リンクとして追加] を選択します。

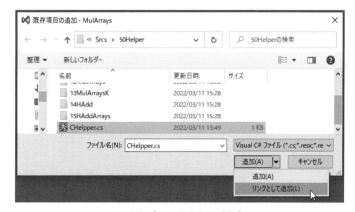

図7.2● [**リンクとして追加**]

　このようにすると、複数のプロジェクトで1つのファイルを参照します。複数のプロジェクトで1つのファイルを使用するため不具合などが見つかった場合、1回修正するだけですべてのプロジェクトへ反映されます（再ビルドは必要）。言い換えると、1つのプロジェクトだけに都合の良いように書き換えると、ほかのプロジェクトで不都合が生じる場合があります。このように複数のプロジェクトで共用する場合、修正は慎重に行いましょう。以降に、リンクで追加したときのソリューションエクスプローラーを示します。リンクで追加したファイルにはリンクであることを示すマークが表示されます。

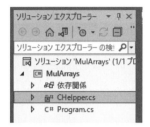

図7.3●ソリューションエクスプローラー

7.3 配列同士の乗算

　第4章「簡単な応用例」で開発した配列同士を乗算するプログラムを、先のヘルパークラスを使って書き換えてみましょう。以前のプログラムと異なるのは vVecAddAvx メソッドのみです。まず、先のプログラムの当該メソッドのコードを示します。

リスト7.5●リスト4.2のvVecAddAvxメソッド

```
static private unsafe void vVecAddAvx(float[] a, float[] b, float[] c, int length)
{
    fixed (float* pa = a)
    fixed (float* pb = b)
    fixed (float* pc = c)
    {
        for (int i = 0; i < length; i += Vector256<float>.Count)
        {
            var va = Avx.LoadVector256(pa + i);
            var vb = Avx.LoadVector256(pb + i);
            var vc = Avx.Multiply(va, vb);
            Avx.Store(pc + i, vc);
        }
    }
}
```

　次に、ヘルパークラスを使って書き換えたメソッドを示します。

長大な一次元配列に定数を乗ずる

```
static private void vVecAddAvx(float[] a, float[] b, float[] c, int length)
{
    CHelpper ch = new();
    for (int i = 0; i < length; i += Vector256<float>.Count)
    {
        var va = ch.Array2Vector(a, i);
        var vb = ch.Array2Vector(b, i);
        var vc = Avx.Multiply(va, vb);
        ch.Vector2Array(c, i, vc);
    }
}
```

　メソッドから unsafe や fixed ステートメントが不要になり単純なコードになり可読性が向上します。メソッド名は汎用的に命名すべきでした。処理とメソッド名に齟齬があるのは愛嬌と思ってください。

7.4 長大な一次元配列に定数を乗ずる

　第 4 章「簡単な応用例」で開発した長大な一次元配列に係数を乗ずるプログラムを、ヘルパークラスを使って書き換えてみましょう。以前のプログラムと異なるのは MulAvx メソッドのみです。まず、先のプログラムの当該メソッドのコードを示します。

リスト7.6●リスト4.3のMulAvxメソッド

```
static private unsafe void MulAvx(float[] a, float k, float[] c, int length)
{
    var vk = Avx.BroadcastScalarToVector256(&k);
    fixed (float* pa = a)
    fixed (float* pc = c)
    {
        for (int i = 0; i < length; i += Vector256<float>.Count)
        {
            var va = Avx.LoadVector256(pa + i);
            var vc = Avx.Multiply(va, vk);
```

```
            Avx.Store(pc + i, vc);
        }
    }
}
```

次に、ヘルパークラスを使って書き換えたメソッドを示します。

```
static private void MulAvx(float[] a, float k, float[] c, int length)
{
    CHelpper ch = new();
    var vk = ch.BroadcastScalarToVector256(k);
    for (int i = 0; i < length; i += Vector256<float>.Count)
    {
        var va = ch.Array2Vector(a, i);
        var vc = Avx.Multiply(va, vk);
        ch.Vector2Array(c, i, vc);
    }
}
```

　これまで紹介したプログラム同様、メソッドから unsafe や fixed ステートメントがなくなり可読性が向上します。これまでに説明したヘルパークラスのメソッドだけでは不十分ですので BroadcastScalarToVector256 メソッドを説明します。これは、下記のステートメントが unsafe を要求するので用意したメソッドです。

```
var vk = Avx.BroadcastScalarToVector256(&k);
```

　先のクラスに用意したメソッドのコードを示します。

```
public unsafe Vector256<float> BroadcastScalarToVector256(float k)
{
    return Avx.BroadcastScalarToVector256(&k);
}
```

7.5 長い配列の総和を求める

第4章「簡単な応用例」で開発した長い配列の総和を求めるプログラムも、ヘルパークラスを使って書き換えてみましょう。以前のプログラムと異なるのは hVecAddAvx メソッドのみです。まず、先のプログラムの当該メソッドのコードを示します。

リスト7.7●リスト4.5のhVecAddAvxメソッド

```
static private unsafe float hVecAddAvx(float[] a, int length)
{
    var vsum = Vector256<float>.Zero;
    fixed (float* pa = a)
    {
        for (int i = 0; i < length; i += Vector256<float>.Count)
        {
            var va = Avx.LoadVector256(pa + i);
            vsum = Avx.Add(vsum, va);        // d0, d1, d2, d3, d4, d5, d6, d7
        }
    }
    vsum = Avx.HorizontalAdd(vsum, vsum);    // d0+d1, d2+d3, d0+d1, d2+d3,
                                             // d4+d5, d6+d7, d4+d5, d6+d7

    vsum = Avx.HorizontalAdd(vsum, vsum);    // d0+d1+d2+d3, ←, ←, ←,
                                             // d4+d5+d6+d7, ←, ←, ←

    float sum = vsum.GetElement(0) + vsum.GetElement(4); // d0+d1+d2+d3+d4+d5+d6+d7
    return sum;
}
```

次に、ヘルパークラスを使って書き換えたメソッドを示します。

```
static private float hVecAddAvx(float[] a, int length)
{
    CHelpper ch = new();
    var vsum = Vector256<float>.Zero;
    for (int i = 0; i < length; i += Vector256<float>.Count)
    {
```

```
        var va = ch.Array2Vector(a, i);
        vsum = Avx.Add(vsum, va);           // d0, d1, d2, d3, d4, d5, d6, d7
    }
    vsum = Avx.HorizontalAdd(vsum, vsum);   // d0+d1, d2+d3, d0+d1, d2+d3,
                                            // d4+d5, d6+d7, d4+d5, d6+d7

    vsum = Avx.HorizontalAdd(vsum, vsum);   // d0+d1+d2+d3, ←, ←, ←,
                                            // d4+d5+d6+d7, ←, ←, ←

    float sum = vsum.GetElement(0) + vsum.GetElement(4); // d0+d1+d2+d3+d4+d5+d6+d7
    return sum;
}
```

メソッドが単純なコードになり可読性が向上します。

　ここで示したようにヘルパークラスを用いると可読性が増し、メインのソースコードも単純化されます。ただし、プログラムに依存しますが、頻繁に「メモリーブロックをガベージコレクター対象とする（外す）」という処理が発生し、それがオーバヘッドとなり性能低下が懸念されます。これらはアプリケーションに依存するでしょう。これについては後述します。

7.6　ヘルパークラスの拡張

　これまでに示したヘルパークラスを拡張し、異なるデータ型に対応させたものを紹介します。先のクラスは、Array2Vector メソッド、Vector2Array メソッドともに、float(Single) にしか対応していません。ここでは、int(Int32) と ushort(Int16) へ対応させ、かつ Add メソッドも、上記データ型へ対応させます。以降に、拡張したヘルパークラスのソースリストを示します。

リスト7.8●50Helper¥CVecScalarEx.cs

```
using System.Runtime.Intrinsics;
using System.Runtime.Intrinsics.X86;


namespace ConsoleApp
{
```

```csharp
internal class CHelpper
{
    // --- AVX float----------------------------------------

    // float[] -> Vector256<float>
    public unsafe Vector256<float> Array2Vector(float[] array, int index)
    {
        fixed (float* p = array)
        {
            return Avx.LoadVector256(p + index);
        }
    }


    // Vector256<float> -> float[]
    public unsafe void Vector2Array(float[] array, int index, Vector256<float> v)
    {
        fixed (float* p = array)
        {
            Avx.Store(p + index, v);
        }
    }


    // Add
    public Vector256<float> Add(Vector256<float> a, Vector256<float> b)
    {
        return Avx.Add(a, b);
    }

    // --- AVX2 int----------------------------------------

    // int[] -> Vector256<int>
    public unsafe Vector256<int> Array2Vector(int[] array, int index)
    {
        fixed (int* p = array)
        {
            return Avx2.LoadVector256(p + index);
        }
    }


    // Vector256<int> -> int[]
```

```
public unsafe void Vector2Array(int[] array, int index, Vector256<int> v)
{
    fixed (int* p = array)
    {
        Avx2.Store(p + index, v);
    }
}


// Add
public Vector256<int> Add(Vector256<int> a, Vector256<int> b)
{
    return Avx2.Add(a, b);
}



// --- AVX2 ushort----------------------------------------

// ushort[] -> Vector256<ushort>
public unsafe Vector256<ushort> Array2Vector(ushort[] array, int index)
{
    fixed (ushort* p = array)
    {
        return Avx2.LoadVector256(p + index);
    }
}

// Vector256<ushort> -> ushort[]
public unsafe void Vector2Array(ushort[] array, int index, Vector256<ushort> v)
{
    fixed (ushort* p = array)
    {
        Avx2.Store(p + index, v);
    }
}

// Add
public Vector256<ushort> Add(Vector256<ushort> a, Vector256<ushort> b)
{
    return Avx2.Add(a, b);
}
```

```
    }
}
```

Array2Vector メソッド、Vector2Array メソッドそして、Add メソッドを用意し、データ型の異なるオーバーロードを用意します。すべてのデータ型に対応させたいところですが、ここでは説明が簡単になるように、float(Single)、int(Int32)、ushort(UInt16) に対応を絞り、コンパクト化などへは配慮せず単純に実装します。ソースリストから分かるように、Avx や Avx2 をデータ型に従い使い分けています。このようにすることで、どの型を、どのクラスのメソッドがサポートしているか気にせずアプリケーションソフトウェアを開発できます。Sse などのメソッドも用意すれば、128 ビットへ対応させることも可能です。

　次に、拡張したヘルパークラスを使って int 型の配列同士の加算を行うプログラムを示します。以降に、ソースコードを示します。

リスト7.9●50Helper¥21AddArrays¥AddArrays¥Program.cs（抜粋）

```
        ⋮
static void Main(string[] args)
{
    const int Count = 16;
    CHelpper ch = new();

    // int ----------------------------------------
    int[] ia = Enumerable.Range(1, Count).ToArray();
    int[] ib = Enumerable.Range(2, Count).ToArray();
    int[] ic = new int[Count];

    for (int i = 0; i < ia.Length; i += Vector256<int>.Count)
    {
        var vc = ch.Add(ch.Array2Vector(ia, i), ch.Array2Vector(ib, i));
        ch.Vector2Array(ic, i, vc);
    }
    Print(ic);

        ⋮
}
```

```
// Print
public static void Print<T>(T[] d)
{
    Console.Write("¥n[" + d[0].GetType() + "] :");
    for (int i = 0; i < d.Length; i++)
        Console.Write(d[i] + " ");
}
    ⋮
```

CHelpper クラスのインスタンス ch を生成し、int 型の配列同士の加算を行います。int 型配列の要素数は Count で指定します。ここで紹介したクラスは Avx あるいは Avx2 クラスで記述していますので、256 ビット（= 32 バイト）の境界に揃える必要があります。int 型は 4 バイトですので、32 ÷ 4 = 8 から、要素数（Count）は、8 の整数倍でなければなりません。アライメントの処理はクラス内に収めるか、処理できない要素数の配列を渡されたら警告を出すなどの処理を追加すると良いでしょう。これについては、本書の重要なテーマではないため、利用者があらかじめ適切な要素数の配列を使用することを期待することとします。

以降に、実行結果を示します。

```
[System.Int32] :3 5 7 9 11 13 15 17 19 21 23 25 27 29 31 33
```

次に、float 型の配列同士の加算を行うプログラムを示します。以降に、ソースコードを示します。

リスト7.10●50Helper¥21AddArrays¥AddArrays¥Program.cs（抜粋）

```
    ⋮
float[] fa = Enumerable.Range(1, Count).Select(x => (float)x).ToArray();
float[] fb = Enumerable.Range(2, Count).Select(x => (float)(x)).ToArray();
float[] fc = new float[Count];

for (int i = 0; i < fa.Length; i += Vector256<float>.Count)
{
    var vc = ch.Add(ch.Array2Vector(fa, i), ch.Array2Vector(fb, i));
    ch.Vector2Array(fc, i, vc);
}
Print(fc);
    ⋮
```

　配列が float 型の配列に変わるだけで、先のコードと、ほぼ同じです。CHelpper クラスのインスタンス ch を生成し、Add メソッドを使うのも同じですが、データ型が異なるため適切なオーバーロードメソッドが使用されます。

　以降に、実行結果を示します。

```
[System.Single] :3 5 7 9 11 13 15 17 19 21 23 25 27 29 31 33
```

　次に、ushort 型の配列同士の加算を行うプログラムを示します。以降に、ソースコードを示します。

リスト7.11●50Helper¥21AddArrays¥AddArrays¥Program.cs（抜粋）

```
    ：
ushort[] ua = Enumerable.Range(1, Count * 2).Select(x => (ushort)x).ToArray();
ushort[] ub = Enumerable.Range(2, Count * 2).Select(x => (ushort)(x)).ToArray();
ushort[] uc = new ushort[Count * 2];

for (int i = 0; i < ua.Length; i += Vector256<ushort>.Count)
{
    var vc = ch.Add(ch.Array2Vector(ua, i), ch.Array2Vector(ub, i));
    ch.Vector2Array(uc, i, vc);
}
Print(uc);
    ：
```

　配列が ushort 型の配列に変わるだけで、先のコードと、ほぼ同じです。CHelpper クラスのインスタンス ch を生成し、Add メソッドを使うのも同じです。データ型が異なるため適切なオーバーロードメソッドが使用されます。配列の要素数を、これまでの倍の数にしています。特段、このような処理は必要なかったのですが、ushort 型はメモリーサイズが float 型や int 型の半分ですので、同じメモリーサイズとなるようにしました。気を付けなければならないのは、ushort 型は2バイトですので、要素数（Count）は、16 の整数倍でなければなりません（32 ÷ 2 = 16）。先の例では 8 の整数倍でしたが、それでは不都合が起きる場合があります。

　以降に、実行結果を示します。

```
[System.UInt16] :3 5 7 9 11 13 15 17 19 21 23 25 27 29 31 33 35 37 39 41 43 45 47 49 51
53 55 57 59 61 63 65
```

　このようにヘルパークラスを拡張すると、データ型が System.Runtime.Intrinsics.X86 のどの
クラスでサポートしているかなどをメインのプログラムで意識する必要がなくなります。さらに
拡張し、SSE や SSE 拡張（例えば、Sse41）や MMX へ対応させるのも面白いでしょう。拡張の方法は、
ここで紹介した方法を使えますので、興味のある方は多数の機能をポートしたクラスを開発する
のも面白いでしょう。工夫すればソースコードの冗長性を排除できるでしょうが、分かりやすい
実装を選択します。

第8章

ヘルパークラスと
ベンチマーク

前章で、ヘルパークラスを利用し fixed ステートメントによるメモリーブロックの管理、そして unsafe の処理をカプセル化しました。その結果、メインコードを簡素化することが可能になりました。ただ、紹介したヘルパークラスの構造では頻繁に「メモリーブロックをガベージコレクター対象とする（外す）」という処理が発生します。これは、性能の低下を招く可能性があります。そこで、本章ではヘルパークラスを利用した際の性能変化を観察します。ヘルパークラスを利用しないプログラムと、ヘルパークラスを利用したプログラムの性能比較を行います。

8.1 加算

第6章「ベンチマーク」で使用したプログラムをヘルパークラス用に変更します。このプログラムをベンチマークし、性能評価してみましょう。まず、第6章で使用したプログラムのソースリストの一部を示します。

リスト8.1● 40basicBench¥02AddArraysBench¥（抜粋）

```
  ⋮
public static class Exe
{
```

```
    // by simd
    static public unsafe void BenchAvx(float[] a, float[] b, float[] c, int length)
    {
        fixed (float* pa = a)
        fixed (float* pb = b)
        fixed (float* pc = c)
        {
            for (int i = 0; i < length; i += Vector256<float>.Count)
            {
                var va = Avx.LoadVector256(pa + i);
                var vb = Avx.LoadVector256(pb + i);
                var vc = Avx.Add(va, vb);
                Avx.Store(pc + i, vc);
            }
        }
    }
    ⋮
}

public class Benchmark
{
    ⋮
    public Benchmark()
    {
        ⋮
    }

    [Benchmark(Baseline = true)]
    public void Avx()
    {
        ⋮
    }

    [Benchmark]
    public void Csharp()
    {
        ⋮
    }
}
```

```
class Program
{
    ⋮
}
⋮
```

次に、第7章「ヘルパークラス」と同じように、ヘルパークラスを利用するように変更したベンチマーク用プログラムのソースリストの一部を示します。

リスト8.2●60HelpperBench¥02AddArraysBench¥（抜粋）

```
⋮
public static class Exe
{
    // by simd
    static public void BenchAvx(float[] a, float[] b, float[] c, int length)
    {
        CHelpper ch = new();
        for (int i = 0; i < length; i += Vector256<float>.Count)
        {
            var va = ch.Array2Vector(a, i);
            var vb = ch.Array2Vector(b, i);
            var vc = Avx.Add(va, vb);
            ch.Vector2Array(c, i, vc);
        }
    }
    ⋮
}
⋮
```

先のプログラムと異なる部分に網掛けします。ほかの部分は、先のプログラムとまったく同じです。本プログラムをベンチマークします。性能に関する情報の出力から、重要な部分だけ説明します。

Method	Mean	Error	StdDev	Ratio	RatioSD
Avx	47.42 us	0.684 us	0.640 us	1.00	0.00
Csharp	35.70 us	0.643 us	1.021 us	**0.75**	0.02

Mean が全測定値の平均、Ratio が比率分布の平均です。この Ratio でメソッドの性能差を知ることができます。このプログラムでは、Avx メソッドに [Benchmark(Baseline = true)] を与えたので、このメソッドの Ratio は必ず 1.0 となります。このため、Csharp メソッドの Ratio の値がそのまま性能差を表します。つまり、Csharp メソッドは Avx メソッドに比べ 0.75 倍の処理時間を必要とします。つまり懸念されたように、fixed ステートメントの影響で、Avx メソッドを利用したプログラムが遅くなってしまっていることが予想されます。

以降に、以前のヘルパークラスを利用しなかったプログラムのベンチマークも示します。

Method	Mean	Error	StdDev	Ratio	RatioSD
Avx	13.24 us	0.209 us	0.196 us	1.00	0.00
Csharp	34.94 us	0.512 us	0.428 us	**2.64**	0.05

ヘルパークラスを利用しない場合、Csharp メソッドは Avx メソッドに比べ 2.64 倍低速（Avx メソッドは Csharp メソッドより 2.64 倍高速）であることが分かります。これから分かるようにヘルパークラスの実装次第で、性能が低下する場合があることが分かります。

結果から分かるように、可読性が良いという理由から安易にヘルパークラスを導入すると性能低下を招きかねません。しかし、クラスの実装法やアプリケーションによって性能への影響は異なります。このため、一概にクラス導入が悪いこととは言い切れません。要は、メモリーブロックの使い方を考慮したヘルパークラスの開発、並びにアプリケーションを考えた設計を行えば、可読性と性能の両方を満足する可能性があります。現に本章の最後の節で紹介するプログラムは、少しの性能低下はありますが、ヘルパークラスを用いた System.Runtime.Intrinsics.X86 クラス対応のメソッドの方が、一般的な C# で記述したプログラムより高速です。

8.2 乗算

同様に乗算プログラムをベンチマークし、性能評価してみましょう。まず、第 6 章「ベンチマーク」で使用したプログラムのソースリストの一部を示します。

リスト8.3●40basicBench¥03MulArraysBench¥（抜粋）

```
  ⋮
static public unsafe void BenchAvx(float[] a, float[] b, float[] c, int length)
{
    fixed (float* pa = a)
    fixed (float* pb = b)
    fixed (float* pc = c)
    {
        for (int i = 0; i < length; i += Vector256<float>.Count)
        {
            var va = Avx.LoadVector256(pa + i);
            var vb = Avx.LoadVector256(pb + i);
            var vc = Avx.Multiply(va, vb);
            Avx.Store(pc + i, vc);
        }
    }
}
  ⋮
```

　このプログラムを、ヘルパークラスを利用するように変更したプログラムのソースリストの一部を示します。

リスト8.4●60HelpperBench¥03MulArraysBench¥（抜粋）

```
  ⋮
static public void BenchAvx(float[] a, float[] b, float[] c, int length)
{
    CHelpper ch = new();
    for (int i = 0; i < length; i += Vector256<float>.Count)
    {
        var va = ch.Array2Vector(a, i);
        var vb = ch.Array2Vector(b, i);
        var vc = Avx.Multiply(va, vb);
        ch.Vector2Array(c, i, vc);
    }
}
  ⋮
```

先のプログラムと異なる部分に網掛けします。ほかの部分は、先のプログラムとまったく同じです。本プログラムをベンチマークしたところ、先ほどと同様、Csharp メソッドは Avx メソッドに比べ 0.74 です。つまり、fixed ステートメントの影響で、System.Runtime.Intrinsics.X86 クラスを利用したプログラムが遅くなっていると思われます。

```
| Method |     Mean |    Error |   StdDev | Ratio |
|------- |---------:|---------:|---------:|------:|
|    Avx | 47.22 us | 0.786 us | 0.735 us |  1.00 |
| Csharp | 34.89 us | 0.446 us | 0.417 us |  0.74 |
```

ヘルパークラスを利用しない場合、Csharp メソッドは Avx メソッドに比べ 2.64 倍低速です。

```
| Method |     Mean |    Error |   StdDev | Ratio |
|------- |---------:|---------:|---------:|------:|
|    Avx | 13.24 us | 0.209 us | 0.196 us |  1.00 |
| Csharp | 34.94 us | 0.512 us | 0.428 us |  2.64 |
```

8.3　一次元配列に定数を乗ずる

一次元配列に定数を乗ずるプログラムをベンチマークし、性能評価してみましょう。まず、第 6 章「ベンチマーク」で使用したプログラムのソースリストの一部を示します。

リスト8.5●40basicBench¥04MulArraysKBench¥（抜粋）

```
    ⋮
static public unsafe void BenchAvx(float[] a, float k, float[] c, int length)
{
    var vk = Avx.BroadcastScalarToVector256(&k);
    fixed (float* pa = a)
    fixed (float* pc = c)
    {
        for (int i = 0; i < length; i += Vector256<float>.Count)
        {
```

```
                var va = Avx.LoadVector256(pa + i);
                var vc = Avx.Add(va, vk);
                Avx.Store(pc + i, vc);
            }
        }
    }
     ⋮
```

　このプログラムを、ヘルパークラスを利用するように変更したプログラムのソースリストの一部を示します。

リスト8.6●60HelpperBench¥04MulArraysKBench¥（抜粋）

```
     ⋮
static public void BenchAvx(float[] a, float k, float[] c, int length)
{
    CHelpper ch = new();
    var vk = ch.BroadcastScalarToVector256(k);
    for (int i = 0; i < length; i += Vector256<float>.Count)
    {
        var va = ch.Array2Vector(a, i);
        var vc = Avx.Multiply(va, vk);
        ch.Vector2Array(c, i, vc);
    }
}
     ⋮
```

　先のプログラムと異なる部分に網掛けします。ほかの部分は、先のプログラムとまったく同じです。ベンチマークの結果は、先ほどと同様、Csharp メソッドは Avx メソッドに比べ 0.75 倍の時間で処理を終えています。

```
| Method |     Mean | Ratio |
|------- |---------:|------:|
|    Avx | 37.72 us |  1.00 |
| Csharp | 28.19 us |  0.75 |
```

　ヘルパークラスを利用しない場合、Csharp メソッドは Avx メソッドに比べ 2.96 倍の処理時間を要します。

```
| Method |      Mean | Ratio |
|------- |----------:|------:|
|    Avx |  9.714 us |  1.00 |
| Csharp | 28.532 us |  2.94 |
```

8.4 　長い配列の総和を求める

　長いデータの総和を求める例で示したプログラムをベンチマークし、性能評価してみましょう。まず、第 6 章「ベンチマーク」で使用したプログラムのソースリストの一部を示します。

リスト8.7●40basicBench¥05HAddArraysBench¥（抜粋）

```
⋮
static public unsafe float BenchAvx(float[] a, int length)
{
    var vsum = Vector256<float>.Zero;
    fixed (float* pa = a)
    {
        for (int i = 0; i < length; i += Vector256<float>.Count)
        {
            Vector256<float> va = Avx.LoadVector256(pa + i);
            vsum = Avx.Add(vsum, va);        // d0, d1, d2, d3, d4, d5, d6, d7
        }
    }
    vsum = Avx.HorizontalAdd(vsum, vsum);    // d0+d1, d2+d3, d0+d1, d2+d3,
                                             // d4+d5, d6+d7, d4+d5, d6+d7

    vsum = Avx.HorizontalAdd(vsum, vsum);    // d0+d1+d2+d3, ←, ←, ←,
                                             // d4+d5+d6+d7, ←, ←, ←

    float sum = vsum.GetElement(0) + vsum.GetElement(4); // d0+d1+d2+d3+d4+d5+d6+d7
    return sum;
```

```
    }
    ⋮
```

　このプログラムを、ヘルパークラスを利用するように変更したプログラムのソースリストの一部を示します。

リスト8.8●60HelpperBench¥05HAddArraysBench¥（抜粋）

```
    ⋮
static public float BenchAvx(float[] a, int length)
{
    CHelpper ch = new();
    var vsum = Vector256<float>.Zero;
    for (int i = 0; i < length; i += Vector256<float>.Count)
    {
        var va = ch.Array2Vector(a, i);
        vsum = Avx.Add(vsum, va);            // d0, d1, d2, d3, d4, d5, d6, d7
    }
    vsum = Avx.HorizontalAdd(vsum, vsum);    // d0+d1, d2+d3, d0+d1, d2+d3,
                                             // d4+d5, d6+d7, d4+d5, d6+d7

    vsum = Avx.HorizontalAdd(vsum, vsum);    // d0+d1+d2+d3, ←, ←, ←,
                                             // d4+d5+d6+d7, ←, ←, ←

    float sum = vsum.GetElement(0) + vsum.GetElement(4); // d0+d1+d2+d3+d4+d5+d6+d7
    return sum;
}
    ⋮
```

　先のプログラムと異なる部分に網掛けします。ほかの部分は、先のプログラムとまったく同じです。ベンチマークの結果は、これまでと違い、Csharp メソッドは Avx メソッドに比べ6.05倍の処理時間を要します。つまり、ヘルパークラスを利用しても、System.Runtime.Intrinsics.X86 クラスのメソッドを利用した方が、一般的な C# で記述したメソッドより高速です。

```
| Method |     Mean | Ratio |
|------- |---------:|------:|
|    Avx | 11.75 us |  1.00 |
| Csharp | 69.40 us |  6.05 |
```

ヘルパークラスを利用しない場合のベンチマークも示します。

```
| Method |      Mean | Ratio |
|------- |----------:|------:|
|    Avx |  8.691 us |  1.00 |
| Csharp | 70.887 us |  8.15 |
```

　ヘルパークラスを利用しない場合、Csharp メソッドは Avx メソッドに比べ 8.15 倍の処理時間を要します。やはりヘルパークラスを利用すると、ガベージコレクターへ対処するためのオーバヘッドが増大していると予想されます。

8.5　ヘルパークラスと性能

ヘルパークラスを利用した場合の長所と短所をまとめてみます。

1. ヘルパークラスを利用するとプログラムがコンパクトになり可読性が増す。
2. メソッドが System.Runtime.Intrinsics.X86 クラスの、どのクラスに属するか意識する必要がなくなる。
3. ヘルパークラスの設計思想やアプリケーションによって性能低下が懸念される。
4. メモリーブロックがガベージコレクターの対象となる頻度を考えたクラス設計が肝要である。
5. メモリーブロックがガベージコレクターを意識しないように設計すると、性能向上と可読性向上の両方を満足できるだろう。

第9章

BenchmarkDotNet

プログラムの性能評価を行う場合、手っ取り早いのは、処理の前後で時間を取得し、その経過時間から性能を想定する方法です。C# の性能評価を行う場合も、真っ先に思いつくのがStopWatch クラスを使って以下のように時間を計測する方法です。以降に、そのような方法を採用した流れを図で示します。

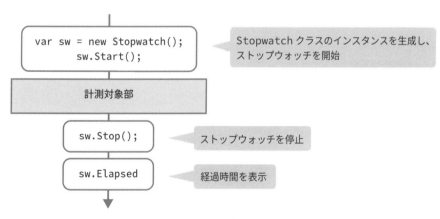

図9.1●StopWatchクラスを使って時間を計測する流れ図

このような方法でも構いませんが、StopWatch クラスのオーバヘッドの考慮や複数回実行し、データを集計し外れ値などを自身で解析する必要があります。C# では、このような原始的な方法を用いなくて済むように、BenchmarkDotNet を利用できます。BenchmarkDotNet のインストールなどについては、第 6 章「ベンチマーク」で解説済みですので、そちらを参照してください。

既に簡単な使用法は、これまでの章で解説しました。これまでは、引数がないメソッドを設計していましたが、ここで引数の設定などについても解説します。

比較的簡単なサンプルプログラムを紹介します。[Arguments] を使用し、クラス内の 1 つまたは複数のメソッドなどに、引数の値を設定します。すべての値はコンパイル時に定数でなければなりません。結果は、[Arguments] 値の組み合わせごとに得られます。

ここで紹介するプログラムは、Add メソッドと Mul メソッドがあり、最初の 2 つの引数で加算、あるいは乗算を行い、最後の引数で繰り返し数を指定します。ここで紹介するメソッドは、得られた積算値を呼び出し元に戻します。以降に、ソースリストを示します。

リスト9.1●70 paramBench¥00CSimplePara¥

```
using BenchmarkDotNet.Running;
using BenchmarkDotNet.Attributes;

namespace ConsoleApp
{
    public class Exe
    {
        [Benchmark(Baseline = true)]
        [Arguments(1, 2, 1024)]
        [Arguments(100, 200, 4096)]
        public float Add(float a, float b, int loop)
        {
            float c = 0;
            for (int i = 0; i < loop; i++) {
                c += (a + b);
            }
            return c;
        }

        [Benchmark]
        [Arguments(1, 2, 1024)]
```

```
        [Arguments(100, 200, 4096)]
        public float Mul(float a, float b, int loop)
        {
            float c = 0;
            for (int i = 0; i < loop; i++)
            {
                c += (a * b);
            }
            return c;
        }
    }

    class Program
    {
        static void Main(string[] args)
        {
            BenchmarkRunner.Run<Exe>();
        }
    }
}
```

　ベンチマークを行う場合は、Release 構成でビルドしてください。実行は、Visual Studio 内から
「Release ビルドしデバッグなし」で実行するか、Release 構成でビルドした実行形式をコンソール
から実行します。コンソールから実行する場合、ソリューションファイルかプロジェクトファイ
ル（.sln または .csproj）の存在するフォルダーで実行します。

　実行結果は、コンソールだけでなく、コンソールに表示された情報に付加情報が追加され、カ
レントフォルダー配下の [BenchmarkDotNet.Artifacts¥] フォルダーへ格納されます。以降に、本
プログラムの実行結果の一部を示します。

Method	a	b	loop	Mean	Error	StdDev	Ratio	RatioSD
Add	1	2	1024	1.013 μs	0.0023 μs	0.0022 μs	1.00	0.00
Mul	1	2	1024	1.027 μs	0.0199 μs	0.0195 μs	1.01	0.02
Add	100	200	4096	4.203 μs	0.0078 μs	0.0065 μs	1.00	0.00
Mul	100	200	4096	4.202 μs	0.0065 μs	0.0057 μs	1.00	0.00

図9.2●ConsoleApp.Benchmark-report.htmlをブラウザで表示

表から分かるように、[Arguments] で指定した引数 a、b、そして loop の値の組み合わせごとに結果が得られます。Ratio から分かるように、Add メソッドと Mul メソッドの性能は、ほぼ同等です。

実行環境や結果の内容を詳しく知りたい人は、BenchmarkDotNet の公式サイトを参照してください（https://benchmarkdotnet.org/）。

9.2 引数を IEnumerable で指定

前節の方法を採用すると、簡単に引数を指定できます。しかし、多くの値を指定したい場合や同じ引数を異なるメソッドへ与えたいときは面倒です。そのような時は、[ArgumentsSource] を使うと便利です。

本節では [ArgumentsSource] を使用して、クラス内のメソッドなどに引数を与える方法を紹介します。[ArgumentsSource] は、引数の値を提供するメソッド／プロパティへ IEnumerable で実装するものの名前を指定します。その IEnumerable で実装するコードはベンチマークプログラム内に存在する必要があります。以降に、ソースリストの一部を示します。

リスト9.2●70 paramBench¥01CSimplePara¥（抜粋）

```
  ⋮
public class Exe
{
    [Benchmark(Baseline = true)]
    [ArgumentsSource(nameof(Params))]
    public float Add(float a, float b, int loop)
    {
        float c = 0;
        for (int i = 0; i < loop; i++) {
            c += (a + b);
        }
        return c;
    }

    [Benchmark]
    [ArgumentsSource(nameof(Params))]
    public float Mul(float a, float b, int loop)
    {
```

```
            float c = 0;
            for (int i = 0; i < loop; i++)
            {
                c += (a * b);
            }
            return c;
        }

        //parameters
        public IEnumerable<object[]> Params()
        {
            yield return new object[] { 1, 2, 1024 };
            yield return new object[] { 100, 200, 4096 };
            yield return new object[] { 200, 300, 8192 };
        }
}
    ⋮
```

先のプログラムでは [Arguments] を使用し、即値で引数を与えています。このプログラムでは [ArgumentsSource] を使用します。どの値を指定するかは、public で IEnumerable<object[]> を返すメソッドの名前で指定します。この例では Params がそれにあたります。この例のように、同じ引数を異なるメソッドに与え、ベンチマークしたい場合は手間とケアレスミスを防ぐことができます。メソッドごとに引数を変更したい場合は、別の引数を与えるメソッドを追加することで実現できます。以降に、本プログラムの実行結果の一部を示します。

Method	a	b	loop	Mean	Error	StdDev	Ratio	RatioSD
Add	1	2	1024	1.013 µs	0.0021 µs	0.0019 µs	1.00	0.00
Mul	1	2	1024	1.027 µs	0.0187 µs	0.0175 µs	1.02	0.02
Add	100	200	4096	4.203 µs	0.0122 µs	0.0108 µs	1.00	0.00
Mul	100	200	4096	4.202 µs	0.0041 µs	0.0037 µs	1.00	0.00
Add	200	300	8192	8.456 µs	0.0101 µs	0.0095 µs	1.00	0.00
Mul	200	300	8192	8.450 µs	0.0122 µs	0.0108 µs	1.00	0.00

図9.3●ConsoleApp.Benchmark-report.htmlをブラウザで表示

表から分かるように、[ArgumentsSource] で指定した引数値の組み合わせごとに結果が得られます。Ratio から分かるように、Add メソッドと Mul メソッドの性能は同等です。

9.3 引数が配列の例

　引数に配列が含まれる例を紹介します。まず、最初のプログラムで示したような方法を説明します。[Arguments] を使用し、クラス内の 1 つまたは複数のメソッドなどに、引数の値を設定します。すべての値はコンパイル時に定数でなければなりません。その結果、[Arguments] 値の組み合わせごとに結果が得られます。本例は第 6 章「ベンチマーク」で紹介した配列同士の乗算を [Arguments] を使用し、引数のあるメソッドをベンチマークできるように変更したものです。以降に、ソースリストを示します。

リスト9.3●70 paramBench¥02AddArraysBench¥

```csharp
using System.Runtime.Intrinsics;
using System.Runtime.Intrinsics.X86;
using BenchmarkDotNet.Running;
using BenchmarkDotNet.Attributes;

namespace ConsoleApp
{
    public class Exe
    {
        // by simd
        [Benchmark(Baseline = true)]
        [Arguments(new float[] { 1, 2, 3, 4, 5, 6, 7, 8 },
                new float[] { 11, 12, 13, 14, 15, 16, 17, 18 },
                new float[] { 0, 0, 0, 0, 0, 0, 0, 0 }, 8)]
        public unsafe void BenchAvx(float[] a, float[] b, float[] c, int length)
        {
            fixed (float* pa = a)
            fixed (float* pb = b)
            fixed (float* pc = c)
            {
                for (int i = 0; i < length; i += Vector256<float>.Count)
                {
                    var va = Avx.LoadVector256(pa + i);
                    var vb = Avx.LoadVector256(pb + i);
                    var vc = Avx.Add(va, vb);
```

```
                    Avx.Store(pc + i, vc);
                }
            }
        }

        // by C#
        [Benchmark]
        [Arguments(new float[] { 1, 2, 3, 4, 5, 6, 7, 8 },
                new float[] { 11, 12, 13, 14, 15, 16, 17, 18 },
                new float[] { 0, 0, 0, 0, 0, 0, 0, 0 }, 8)]
        public void BenchCsharp(float[] a, float[] b, float[] c, int length)
        {
            for (int i = 0; i < length; i++)
            {
                c[i] = a[i] + b[i];
            }
        }
    }

    class Program
    {
        static void Main(string[] args)
        {
            BenchmarkRunner.Run<Exe>();
        }
    }
}
```

　[Arguments] を使用し引数を渡します。基本的に最初のプログラムと同じですが、引数が配列で
す。実行方法も、これまでと変更はありません。実行結果は、コンソールだけでなく、付加情報
が追加されたファイルがカレントフォルダー配下の [BenchmarkDotNet.Artifacts¥] フォルダーへ
格納されます。以降に、本プログラムの実行結果の一部を示します。

Method	a	b	c	length	Mean	Error	StdDev	Median	Ratio	RatioSD
BenchAvx	Single[8]	Single[8]	Single[8]	8	3.336 ns	0.0977 ns	0.2060 ns	3.230 ns	1.00	0.00
BenchCsharp	Single[8]	Single[8]	Single[8]	8	5.936 ns	0.1495 ns	0.2096 ns	5.880 ns	1.78	0.12

図9.4●ConsoleApp.Benchmark-report.htmlをブラウザで表示

　表から分かるように、[Arguments] で指定した引数 a、b、c そして length が渡され、その結果

が得られます。いろいろな値の組み合わせを試したい場合は、[Arguments] を追加してください。結果から、BenchCsharp メソッドは BenchAvx メソッドに比べ 1.78 倍の処理時間が必要であることが分かります。

　要素数が少ない配列であれば、ここに示したように [Arguments] で配列の引数を与えるのも良いでしょう。しかし、要素数が多い、あるいは複数のメソッドに同じ引数を与える場合は [ArgumentsSource] を使用すると便利です。

9.4　配列引数を IEnumerable で指定

　前節のプログラムへ与える引数を [ArgumentsSource] へ変更し、クラス内のメソッドなどに引数を与えます。[ArgumentsSource] は、引数の値を提供するメソッド／プロパティへ IEnumerable で実装するものの名前を指定します。以降に、ソースリストの一部を示します。

リスト9.4●70 paramBench¥03AddArraysBench¥（抜粋）

```
    ⋮
public class Exe
{
    // by simd
    [Benchmark(Baseline = true)]
    [ArgumentsSource(nameof(Data))]
    public unsafe void BenchAvx(float[] a, float[] b, float[] c, int length)
    {
        ⋮
    }

    // by C#
    [Benchmark]
    [ArgumentsSource(nameof(Data))]
    public void BenchCsharp(float[] a, float[] b, float[] c, int length)
    {
        ⋮
    }

    //parameters
```

```
    public IEnumerable<object[]> Data()
    {
        yield return new object[] { new float[] { 1, 2, 3, 4, 5, 6, 7, 8 },
                                    new float[] { 11, 12, 13, 14, 15, 16, 17, 18 },
                                    new float[8], 8 };

        yield return new object[] {
                    └ new float[1024], new float[1024], new float[1024], 1024 };

        yield return new object[] {
                    └ Enumerable.Range(0, 8192).Select(x => (float)x).ToArray(),
                      Enumerable.Range(0, 8192).Select(x => (float)x).ToArray(),
                      new float[8192], 8192 };
    }
}
    ⋮
```

既に紹介しましたが [Arguments] で即値を与えるかわりに [ArgumentsSource] を使用します。どの値を指定するかは、public で IEnumerable<object[]> を返すメソッドの名前です。この例では Data がそれに当たります。先の例では、要素数が 8 の引数を 1 つだけ指定しましたが、ここでは要素数 8、1024、そして 8192 個の例を示します。この例のように、要素数の多い同じ配列引数をメソッドに与え、ベンチマークしたいときに便利に使用できます。以降に、本プログラムの実行結果の一部を示します。

Method	a	b	c	length	Mean	Error	StdDev	Ratio	RatioSD
BenchAvx	Single[8]	Single[8]	Single[8]	8	3.149 ns	0.0095 ns	0.0085 ns	1.00	0.00
BenchCsharp	Single[8]	Single[8]	Single[8]	8	5.726 ns	0.0066 ns	0.0052 ns	1.82	0.01
BenchAvx	Single[1024]	Single[1024]	Single[1024]	1024	138.183 ns	1.9031 ns	1.6871 ns	1.00	0.00
BenchCsharp	Single[1024]	Single[1024]	Single[1024]	1024	539.306 ns	0.9494 ns	0.8881 ns	3.90	0.04
BenchAvx	Single[8192]	Single[8192]	Single[8192]	8192	1,400.207 ns	3.0589 ns	2.7116 ns	1.00	0.00
BenchCsharp	Single[8192]	Single[8192]	Single[8192]	8192	4,263.743 ns	7.0815 ns	6.2776 ns	3.05	0.01

図9.5●ConsoleApp.Benchmark-report.htmlをブラウザで表示

表を簡略化してみましょう。

表9.1●性能比較（i5-6600 CPU 3.30GHz）

Method	length	Mean	Ratio
BenchAvx	8	3.149 ns	1.00
BenchCsharp	8	5.726 ns	1.82
BenchAvx	1024	138.183 ns	1.00
BenchCsharp	1024	539.306 ns	3.90
BenchAvx	8192	1,400.207 ns	1.00
BenchCsharp	8192	4,263.743 ns	3.05

　配列の要素数が 8 の場合は、Ratio が 1.82 ですが、1024 や 8192 では 3.0 を超えています。一般的な C# で記述するより System.Runtime.Intrinsics.X86 クラスのメソッドを利用する方が約 3 倍高速なことが分かります。

　また、[ArgumentsSource] を利用すると要素数の多い配列引数を簡単に与えることが可能なことも分かります。ついでに、プロセッサーを変更したものも示します。

表9.2●性能比較（i5-4300U CPU 1.90GHz）

Method	length	Mean	Ratio
BenchAvx	8	5.772 ns	1.00
BenchCsharp	8	7.816 ns	1.35
BenchAvx	1024	208.340 ns	1.00
BenchCsharp	1024	724.905 ns	3.48
BenchAvx	8192	2,224.072 ns	1.00
BenchCsharp	8192	5,784.052 ns	2.60

9.5　乗算

　先ほどと同様に、引数を [ArgumentsSource] で与える例を示します。先ほどは配列同士の加算でしたが、ここでは乗算を行います。以降に、ソースリストの一部を示します。

リスト9.5●70 paramBench¥04MulArraysBench¥（抜粋）

```
⋮
public class Exe
{
    // by simd
    [Benchmark(Baseline = true)]
    [ArgumentsSource(nameof(Data))]
    public unsafe void BenchAvx(float[] a, float[] b, float[] c, int length)
    {
        fixed (float* pa = a)
        fixed (float* pb = b)
        fixed (float* pc = c)
        {
            for (int i = 0; i < length; i += Vector256<float>.Count)
            {
                var va = Avx.LoadVector256(pa + i);
                var vb = Avx.LoadVector256(pb + i);
                var vc = Avx.Multiply(va, vb);
                Avx.Store(pc + i, vc);
            }
        }
    }

    // by C#
    [Benchmark]
    [ArgumentsSource(nameof(Data))]
    public void BenchCsharp(float[] a, float[] b, float[] c, int length)
    {
        for (int i = 0; i < length; i++)
        {
            c[i] = a[i] * b[i];
        }
    }

    //parameters
    public IEnumerable<object[]> Data()
    {
        yield return new object[] { new float[] { 1, 2, 3, 4, 5, 6, 7, 8 },
                                    new float[] { 11, 12, 13, 14, 15, 16, 17, 18 },
```

```
                                    new float[8], 8 };

        yield return new object[] {
                  └ new float[1024], new float[1024], new float[1024], 1024 };

        yield return new object[] {
                  └ Enumerable.Range(0, 8192).Select(x => (float)x).ToArray(),
                    Enumerable.Range(0, 8192).Select(x => (float)x/10).ToArray(),
                    new float[8192], 8192 };
    }
}
⋮
```

先ほどと異なるのは、最後のパターンで2番目の引数の値を変更している点です。このように すると、与える引数の値を自身のベンチマークに適合するように値を変更できます。先のプログラムは、2つの配列の要素値は同じでしたが、この例では2番目の配列の要素値は、最初の配列の要素値の1/10です。ほかは、加算が乗算に変わるだけでソースコードは同様です。以降に、本プログラムの実行結果の一部を示します。

Method	a	b	c	length	Mean	Error	StdDev	Ratio	RatioSD
BenchAvx	Single[8]	Single[8]	Single[8]	8	3.282 ns	0.0095 ns	0.0084 ns	1.00	0.00
BenchCsharp	Single[8]	Single[8]	Single[8]	8	5.730 ns	0.0072 ns	0.0063 ns	1.75	0.00
BenchAvx	Single[1024]	Single[1024]	Single[1024]	1024	139.291 ns	2.6789 ns	2.6310 ns	1.00	0.00
BenchCsharp	Single[1024]	Single[1024]	Single[1024]	1024	538.772 ns	1.0497 ns	0.9306 ns	3.88	0.07
BenchAvx	Single[8192]	Single[8192]	Single[8192]	8192	1,395.578 ns	2.3735 ns	2.2201 ns	1.00	0.00
BenchCsharp	Single[8192]	Single[8192]	Single[8192]	8192	4,260.575 ns	6.8938 ns	6.1112 ns	3.05	0.01

図9.6●ConsoleApp.Benchmark-report.htmlをブラウザで表示

表を簡略化してみましょう。

表9.3●性能比較

Method	length	Mean	Ratio
BenchAvx	8	3.282 ns	1.00
BenchCsharp	8	5.730 ns	1.75
BenchAvx	1024	139.291 ns	1.00
BenchCsharp	1024	538.772 ns	3.88
BenchAvx	8192	1,395.578 ns	1.00
BenchCsharp	8192	4,260.575 ns	3.05

　本プログラムは加算が乗算に変わるだけであることと、配列の要素値で性能に影響の出るコードではないため、ほぼ先のプログラムと同様の結果となります。

9.6 一次元配列に定数を乗ずる

　一次元配列に定数を乗ずるプログラムを紹介します。引数を [ArgumentsSource] で与えますが、先ほどの例と違い、引数の数が減ります。以降に、ソースリストを示します。

リスト9.6●70 paramBench\05MulArraysKBench

```
using System.Runtime.Intrinsics;
using System.Runtime.Intrinsics.X86;
using BenchmarkDotNet.Running;
using BenchmarkDotNet.Attributes;

namespace ConsoleApp
{
    public class Exe
    {
        // by simd
        [Benchmark(Baseline = true)]
        [ArgumentsSource(nameof(Data))]
        public unsafe void BenchAvx(float[] a, float k, float[] c, int length)
        {
            var vk = Avx.BroadcastScalarToVector256(&k);
            fixed (float* pa = a)
            fixed (float* pc = c)
            {
                for (int i = 0; i < length; i += Vector256<float>.Count)
                {
                    var va = Avx.LoadVector256(pa + i);
                    var vc = Avx.Add(va, vk);
                    Avx.Store(pc + i, vc);
                }
            }
        }
```

```
// by C#
[Benchmark]
[ArgumentsSource(nameof(Data))]
public void BenchCsharp(float[] a, float k, float[] c, int length)
{
    for (int i = 0; i < length; i++)
    {
        c[i] = a[i] * k;
    }
}

//parameters
public IEnumerable<object[]> Data()
{
    yield return new object[] { new float[] { 1, 2, 3, 4, 5, 6, 7, 8 },
                                0.8123f,        new float[8], 8 };

    yield return new object[] { new float[1024], 0.8123f,
                                             └ new float[1024], 1024 };

    yield return new object[] {
              └ Enumerable.Range(0, 8192).Select(x => (float)x).ToArray(),
                0.8123f, new float[8192], 8192 };
}
}

class Program
{
    static void Main(string[] args)
    {
        BenchmarkRunner.Run<Exe>();
    }
}
}
```

本プログラムは先のプログラムと違い引数の数が少ないです。ほかは、これまでと同様です。以降に、本プログラムの実行結果の一部を示します。

Method	a	k	c	length	Mean	Error	StdDev	Ratio	RatioSD
BenchAvx	Single[8]	0.8123	Single[8]	8	2.322 ns	0.0084 ns	0.0074 ns	1.00	0.00
BenchCsharp	Single[8]	0.8123	Single[8]	8	4.391 ns	0.0115 ns	0.0096 ns	1.89	0.01
BenchAvx	Single[1024]	0.8123	Single[1024]	1024	102.471 ns	0.1367 ns	0.1279 ns	1.00	0.00
BenchCsharp	Single[1024]	0.8123	Single[1024]	1024	433.162 ns	0.7826 ns	0.7321 ns	4.23	0.01
BenchAvx	Single[8192]	0.8123	Single[8192]	8192	811.409 ns	8.1718 ns	7.6439 ns	1.00	0.00
BenchCsharp	Single[8192]	0.8123	Single[8192]	8192	3,502.727 ns	16.1081 ns	13.4510 ns	4.32	0.05

図9.7●ConsoleApp.Benchmark-report.htmlをブラウザで表示

表を簡略化してみましょう。

表9.4●性能比較（i5-6600 CPU 3.30GHz）

Method	length	Mean	Ratio
BenchAvx	8	2.322 ns	1.00
BenchCsharp	8	4.391 ns	1.89
BenchAvx	1024	102.471 ns	1.00
BenchCsharp	1024	433.162 ns	4.23
BenchAvx	8192	811.409 ns	1.00
BenchCsharp	8192	3,502.727 ns	4.32

配列の要素数が 8 の場合は、Ratio が 1.89 ですが、1024 や 8192 では 4.2 を超えています。一般的な C# で記述するより System.Runtime.Intrinsics.X86 クラスのメソッドを利用する方が 4 倍以上高速なことが分かります。プロセッサーを変更したものも示します。

表9.5●性能比較（i5-4300U CPU 1.90GHz）

Method	length	Mean	Ratio
BenchAvx	8	4.500 ns	1.00
BenchCsharp	8	6.644 ns	1.48
BenchAvx	1024	158.433 ns	1.00
BenchCsharp	1024	623.579 ns	3.94
BenchAvx	8192	1,732.814 ns	1.00
BenchCsharp	8192	4,945.548 ns	2.85

i5-4300U のベンチマークでは、配列の要素数が多くなると性能向上が鈍化しています。それでも一般的な C# で記述するより System.Runtime.Intrinsics.X86 クラスのメソッドを利用する方が高速です。

9.7 長い配列の総和を求める

長い配列の総和を求めるプログラムを紹介します。以降に、ソースリストを示します。

リスト9.7●70 paramBench¥06HAddArraysBench¥（抜粋）

```
    ⋮
namespace ConsoleApp
{
    public class Exe
    {
        // by simd
        [Benchmark(Baseline = true)]
        [ArgumentsSource(nameof(Data))]
        public unsafe float BenchAvx(float[] a, int length)
        {
            var vsum = Vector256<float>.Zero;
            fixed (float* pa = a)
            {
                for (int i = 0; i < length; i += Vector256<float>.Count)
                {
                    var va = Avx.LoadVector256(pa + i);
                    vsum = Avx.Add(vsum, va);          // d0, d1, d2, d3, d4, d5, d6, d7
                }
            }
            vsum = Avx.HorizontalAdd(vsum, vsum);   // d0+d1, d2+d3, d0+d1, d2+d3,
                                                    // d4+d5, d6+d7, d4+d5, d6+d7

            vsum = Avx.HorizontalAdd(vsum, vsum);   // d0+d1+d2+d3, ←, ←, ←,
                                                    // d4+d5+d6+d7, ←, ←, ←

            float sum = vsum.GetElement(0) + vsum.GetElement(4);
                                          └ // d0+d1+d2+d3+d4+d5+d6+d7
            return sum;
        }

        // by C#
        [Benchmark]
        [ArgumentsSource(nameof(Data))]
```

```csharp
public float BenchCsharp(float[] a, int length)
{
    float sum = 0.0f;
    for (int i = 0; i < length; i++)
    {
        sum += a[i];
    }
    return sum;
}


//parameters
public IEnumerable<object[]> Data()
{
    yield return new object[] {
        Enumerable.Range(0, 1024).Select(x => (float)x).ToArray(), 1024 };
    yield return new object[] {
        Enumerable.Range(0, 8192).Select(x => (float)x).ToArray(), 8192 };
    yield return new object[] {
        Enumerable.Range(0, 32768).Select(x => (float)x).ToArray(), 32768 };
    yield return new object[] {
        Enumerable.Range(0, 131072).Select(x => (float)x).ToArray(), 131072 };
}
}
    ⋮
```

9

BenchAvx メソッドや BenchCsharp メソッドは、引数を受け取るように変更し、Data メソッドが配列などを渡します。プログラム自体については、既に以前の章で解説済みですので省きます。

表9.6●性能比較（i5-6600 CPU 3.30GHz）

Method	a	length	Mean	Ratio
BenchAvx	Single[1024]	1024	108.1 ns	1.00
BenchCsharp	Single[1024]	1024	1,032.8 ns	**9.55**
BenchAvx	Single[8192]	8192	1,041.3 ns	1.00
BenchCsharp	Single[8192]	8192	8,480.9 ns	**8.14**
BenchAvx	Single[32767]	32767	4,225.5 ns	1.00
BenchCsharp	Single[32767]	32767	33,920.0 ns	**8.03**
BenchAvx	Single[131072]	131072	16,985.6 ns	1.00
BenchCsharp	Single[131072]	131072	135,936.5 ns	**8.00**

配列の要素数が 1024 ～ 131072 で約 8.0 倍に飽和しています。一般的な C# で記述するより System.Runtime.Intrinsics.X86 クラスのメソッドを利用する方が 8 倍以上高速なことが分かります。Avx メソッドは float(Single) を 1 度に 8 要素処理できますので、ベンチマークの結果が 8 倍程度高速になるのは、予想された理想的な性能向上と言えるでしょう。

プロセッサーを変更したものも示します。

表9.7●性能比較 （i5-4300U CPU 1.90GHz）

Method	a	length	Mean	Ratio
BenchAvx	Single[1024]	1024	144.2 ns	1.00
BenchCsharp	Single[1024]	1024	1,070.4 ns	**7.42**
BenchAvx	Single[8192]	8192	1,311.9 ns	1.00
BenchCsharp	Single[8192]	8192	8,721.4 ns	**6.64**
BenchAvx	Single[32768]	32768	5,253.4 ns	1.00
BenchCsharp	Single[32768]	32768	36,131.8 ns	**6.84**
BenchAvx	Single[131072]	131072	19,364.4 ns	1.00
BenchCsharp	Single[131072]	131072	139,723.9 ns	**7.24**

i5-4300U は若干性能が低下していますが、i5-6600 に遜色のない性能を発揮しています。

9.8 配列の最大値と最小値

長い配列に含まれる全要素値から最小値と最大値を探すプログラムを紹介します。以降に、ソースリストを示します。

リスト9.8●70 paramBench¥07MinMaxArraysBench¥（抜粋）

```
  ⋮
public class Exe
{
    // by simd
    [Benchmark(Baseline = true)]
    [ArgumentsSource(nameof(Data))]
    public unsafe (float min, float max) BenchAvx(float[] a, int length)
    {
```

```
        float minValue = float.MaxValue;
        float maxValue = float.MinValue;
        var vMin = Avx.BroadcastScalarToVector256(&minValue);
        var vMax = Avx.BroadcastScalarToVector256(&maxValue);
        fixed (float* pa = a)
        {
            for (int i = 0; i < length; i += Vector256<float>.Count)
            {
                var va = Avx.LoadVector256(pa + i);
                vMin = Avx.Min(va, vMin);
                vMax = Avx.Max(va, vMax);
            }
        }
        float min = float.MaxValue;
        float max = float.MinValue;
        for (int i = 0; i < Vector256<float>.Count; i++)
        {
            min = Math.Min(min, vMin.GetElement(i));
            max = Math.Max(max, vMax.GetElement(i));
        }
        return (min, max);
    }


// by C#
[Benchmark]
[ArgumentsSource(nameof(Data))]
public (float min, float max) BenchCsharp(float[] a, int length)
{
    float min = float.MaxValue;
    float max = float.MinValue;
    for (int i = 0; i < length; i++)
    {
        min = Math.Min(min, a[i]);
        max = Math.Max(max, a[i]);
    }
    return (min, max);
}


//parameters
public IEnumerable<object[]> Data()
```

```
    {
        yield return new object[] {
            Enumerable.Range(0, 1024).Select(x => (float)x).ToArray(), 1024 };
        yield return new object[] {
            Enumerable.Range(0, 8192).Select(x => (float)x).ToArray(), 8192 };
        yield return new object[] {
            Enumerable.Range(0, 32768).Select(x => (float)x).ToArray(), 32768 };
        yield return new object[] {
            Enumerable.Range(0, 131072).Select(x => (float)x).ToArray(), 131072 };
    }
}
 ⋮
```

BenchAvx メソッドや BenchCsharp メソッドは、引数を受け取ります。Data メソッドで引数のパターンを定義します。性能評価対象のメソッドは、以前の章で解説したものとまったく同じですので、説明は省きます。以降にベンチマークの結果を示します。

表9.8●性能比較（i5-6600 CPU 3.30GHz）

Method	a	length	Mean	Ratio
BenchAvx	Single[1024]	1024	154.4 ns	1.00
BenchCsharp	Single[1024]	1024	2,353.4 ns	**15.24**
BenchAvx	Single[8192]	8192	1,094.1 ns	1.00
BenchCsharp	Single[8192]	8192	18,767.7 ns	**17.15**
BenchAvx	Single[32768]	32768	4,300.4 ns	1.00
BenchCsharp	Single[32768]	32768	74,818.0 ns	**17.40**
BenchAvx	Single[131072]	131072	17,143.4 ns	1.00
BenchCsharp	Single[131072]	131072	299,320.2 ns	**17.45**

　一般的な C# で記述するより System.Runtime.Intrinsics.X86 クラスのメソッドを利用する方が、一般的な C# の記述に比べ 15 〜 18 倍近く高速です。想像したより高速化が図られています。

APPENDIX - SIMD
と並列化

付録

System.Runtime.Intrinsics クラスや System.Runtime.Intrinsics.X86 クラスのメソッドを使用したベクトル処理と並列処理を融合させて性能向上が観察できるか試してみましょう。

A.1 逐次プログラム

第4章「簡単な応用例」の「長い配列の総和を求める」で紹介したプログラムを、float 型配列から int 型配列へ変更し、逐次処理するものを示します。これに伴い、使用するクラスが Avx クラスから Avx2 クラスへ変わります。以降に、ソースリストを示します。

リストA.1●80 parallelBench¥01HAddArraysSerial¥

```
using System.Runtime.Intrinsics;
using System.Runtime.Intrinsics.X86;

namespace ConsoleApp
{
    class Program
    {
        static void Main(string[] args)
```

```
{
    const int Length = 32768;
    int[] a = Enumerable.Range(1, Length).ToArray();

    var cSimd  = hVecAddAvx(a, Length);
    var Csharp = hVecAddCsharp(a, Length);

    Console.WriteLine("SIMD   = {0,10:f0}", cSimd);
    Console.WriteLine("Csharp = {0,10:f0}", Csharp);
}

// by simd
static private unsafe int hVecAddAvx(int[] a, int length)
{
    var vsum = Vector256<int>.Zero;
    fixed (int* pa = a)
    {
        for (int i = 0; i < length; i += Vector256<int>.Count)
        {
            var va = Avx2.LoadVector256(pa + i);
            vsum = Avx2.Add(vsum, va);       // d0, d1, d2, d3, d4, d5, d6, d7
        }
    }
    vsum = Avx2.HorizontalAdd(vsum, vsum); // d0+d1, d2+d3, d0+d1, d2+d3,
                                           // d4+d5, d6+d7, d4+d5, d6+d7

    vsum = Avx2.HorizontalAdd(vsum, vsum); // d0+d1+d2+d3, ←, ←, ←,
                                           // d4+d5+d6+d7, ←, ←, ←

    int sum = vsum.GetElement(0) + vsum.GetElement(4);
                                   └ // d0+d1+d2+d3+d4+d5+d6+d7
    return sum;
}

// by C#
static private int hVecAddCsharp(int[] a, int length)
{
    int sum = 0;
    for (int i = 0; i < length; i++)
    {
```

```
                sum += a[i];
            }
            return sum;
        }
    }
}
```

　ほとんど以前のプログラムと同様ですが、データ型が float から int へ変わります。後述する並列化した Avx2 メソッドを利用するプログラムの処理結果などを検証するために作成したプログラムです。以降に実行結果を示します。

```
SIMD   =  536887296
Csharp =  536887296
```

　プログラムについては、既に説明済みですので解説は省略します。

A.2 並列プログラム

　直前のプログラムを並列化したものを紹介します。並列化は Task.Factory.StartNew を用いて実装します。実装するタスクは、Vector256<int> を返します。Task は 1 つだけ生成し、配列の先頭から半分までを処理します。メインスレッドは Task が終了するまで CPU がアイドル状態となるため、その時間を利用して後半を処理します。以降は、これまで紹介した方法と同じです。

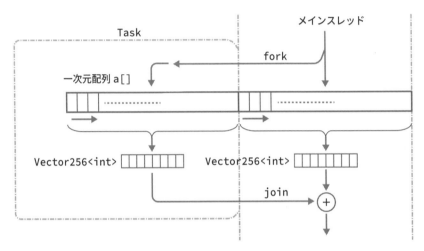

図A.1●分担と処理概要

　Task は非同期に動作し、メインスレッドは Task と同期処理は行いません。メインスレッドは、自身の処理が終わったら、すぐに Task が処理した値を参照します。これによって自動的に Task とメインスレッドの同期処理（いわゆる Join）が処理されます。このため、メインスレッドは Task と明示的に同期する必要はありません。これは、メインスレッドが Task の返却値を参照すると、自動的に返却値が確定するまでメインスレッドは待たされるためです。従って、Task の処理結果を必ず得ることができます。以降に、先のプログラムと異なる部分を中心にソースリストを示します。

リストA.2●80 parallelBench¥02HAddArraysparallel¥（抜粋）

```
    ⋮
static private unsafe int hVecAddAvx(int[] a, int length)
{
    var t = Task<Vector256<int>>.Factory.StartNew(() =>
```

```
    {
        var vsum = Vector256<int>.Zero;
        fixed (int* pa = a)
        {
            for (int i = 0; i < length / 2; i += Vector256<int>.Count)
            {
                var va = Avx2.LoadVector256(pa + i);
                vsum = Avx2.Add(vsum, va);   // d0, d1, d2, d3, d4, d5, d6, d7
            }
        }
        return vsum;
    });

    var vsum = Vector256<int>.Zero;
    fixed (int* pa = a)
    {
        for (int i = length / 2; i < length; i += Vector256<int>.Count)
        {
            var va = Avx2.LoadVector256(pa + i);
            vsum = Avx2.Add(vsum, va);          // d0, d1, d2, d3, d4, d5, d6, d7
        }
    }
    vsum = Avx2.Add(vsum, t.Result);

    vsum = Avx2.HorizontalAdd(vsum, vsum);  // d0+d1, d2+d3, d0+d1, d2+d3,
                                            // d4+d5, d6+d7, d4+d5, d6+d7

    vsum = Avx2.HorizontalAdd(vsum, vsum);  // d0+d1+d2+d3, ←, ←, ←,
                                            // d4+d5+d6+d7, ←, ←, ←

    int sum = vsum.GetElement(0) + vsum.GetElement(4); // d0+d1+d2+d3+d4+d5+d6+d7
    return sum;
}
  ⋮
```

　前節のプログラムは、配列の要素すべてを単一のスレッドで処理しました。本プログラムは、配列を2分割し、2つのスレッドで並列処理します。Avx2メソッドは8要素単位で処理し、2つのタスク（スレッド）で処理しますので、処理対象配列の要素数は8と2の最小公倍数の整数倍でなければなりません。Task配列などを使用し、分割数を増やす場合は、処理対象配列の要素数

に気を付けてください。現実的なアプリケーションでは、前もってアライメントを揃えると良い
でしょう。アライメントが揃っていない場合は値が0の要素を付加し、処理対象配列の要素数を
ベクトル数とタスク数の最小公倍数の整数倍へ変更すると良いでしょう。本プログラムは、説明
が簡単になるように、与える配列の要素数が前記の要求を満足しています。以降に実行結果を示
します。

```
SIMD   = 536887296
Csharp = 536887296
```

前節と同じ結果を得られています。

A.3 ベンチマーク

先のプログラムをBenchmarkDotNetでベンチマークできるように変更します。ほとんどの部分
は同じですので、異なる部分を中心に、ソースリストの一部を示します。

リストA.3●80 parallelBench¥03HAddArraysparallelBench¥（抜粋）

```
using System.Runtime.Intrinsics;
using System.Runtime.Intrinsics.X86;
using BenchmarkDotNet.Running;
using BenchmarkDotNet.Attributes;

namespace ConsoleApp
{
    public class Exe
    {
        // by simd
        [Benchmark(Baseline = true)]
        [ArgumentsSource(nameof(Data))]
        public unsafe int BenchAvx(int[] a, int length)
        {
            ⋮
        }
```

```
      // by C#
      [Benchmark]
      [ArgumentsSource(nameof(Data))]
      public int BenchCsharp(int[] a, int length)
      {
          ⋮
      }

      //parameters
      public IEnumerable<object[]> Data()
      {
          yield return new object[] { Enumerable.Range(0, 1024).ToArray(), 1024 };
          yield return new object[] { Enumerable.Range(0, 8192).ToArray(), 8192 };
          yield return new object[] { Enumerable.Range(0, 32768).ToArray(), 32768 };
          yield return new object[] { Enumerable.Range(0, 131072).ToArray(),
                                            └ 131072 };
      }
  }

  class Program
  {
      static void Main(string[] args)
      {
          BenchmarkRunner.Run<Exe>();
      }
  }
}
```

プログラムの動作は既に説明していますので、ベンチマーク結果を示します。

表A.1●性能比較

Method	a	length	Mean	Ratio
BenchAvx	Int32[1024]	1024	792.1 ns	1.00
BenchCsharp	Int32[1024]	1024	558.7 ns	**0.71**
BenchAvx	Int32[8192]	8192	1,029.3 ns	1.00
BenchCsharp	Int32[8192]	8192	4,441.6 ns	**4.31**
BenchAvx	Int32[32768]	32768	1,654.1 ns	1.00

付録

Method	a	length	Mean	Ratio
BenchCsharp	Int32[32768]	32768	17,756.5 ns	**10.74**
BenchAvx	Int32[131072]	131072	4,618.2 ns	1.00
BenchCsharp	Int32[131072]	131072	70,916.4 ns	**15.35**

　要素数が多くなるほど Avx2 メソッドと並列化を併用したプログラムが速くなります。ただし、配列の要素数が 1024 では並列化した方が性能低下しています。要素数が 131072 では、ベクトル化で理想的な高速化である 8 倍を超え、約 15 倍高速です。2 つのスレッドが、Avx2 メソッドで 8 要素を処理しますので、ほぼ理想的な 16 倍（2 × 8）ほどまで高速化が図られています。

　前章で示した並列化を行わない場合の速度向上は、約 8.0 倍で飽和しています。並列化と System.Runtime.Intrinsics.X86 クラスを共用すると、より高速化が実現できそうです。ここでは並列化を導入し、約 15 倍まで高速化できましたが、配列の要素数が少ない場合を考えると、意外と並列化のオーバヘッドも少なくないのが分かります。並列化手法によってオーバヘッドは変化しますので、オーバヘッドの少ない並列化も検討するのも良いでしょう。

A.4 　並列プログラム・Task.Run

　A.2 節「並列プログラム」のプログラムは並列化を Task.Factory.StartNew を用いて実装します。最近の並列化は Task.Run で実装する例が多いため、先のプログラムを Task.Run で書き換えたものも示します。処理は先のプログラムとまったく同じです。以降に、ソースリストの一部を示します。

リストA.4●80 parallelBench¥04HAddArraysTaskRun¥（抜粋）

```
    ⋮
static private unsafe int hVecAddAvx(int[] a, int length)
{
    var t = Task<Vector256<int>>.Run(() =>
    {
        var vsum = Vector256<int>.Zero;
        fixed (int* pa = a)
        {
            ⋮
```

```
}
 ⋮
```

　前節のプログラムと異なるのはソースリストに示した1行のみです。実行結果も先と同じですので説明は省略します。

　同じように、本プログラムをBenchmarkDotNetでベンチマークできるように変更します。先ほどと同様に、A.3節「ベンチマーク」と異なるのは1行のみです。以降に、その部分を示します。

リストA.5●80 parallelBench¥05HAddArraysTaskRunBench¥（抜粋）

```
 ⋮
[Benchmark(Baseline = true)]
[ArgumentsSource(nameof(Data))]
public unsafe int BenchAvx(int[] a, int length)
{
    var t = Task<Vector256<int>>.Run(() =>
    {
        var vsum = Vector256<int>.Zero;
        fixed (int* pa = a)
        {
         ⋮
}
 ⋮
```

　プログラムの動作は既に説明していますので、ベンチマーク結果を示します。

表A.2●性能比較

Method	a	length	Mean	Ratio
BenchAvx	Int32[1024]	1024	794.7 ns	1.00
BenchCsharp	Int32[1024]	1024	560.0 ns	**0.70**
BenchAvx	Int32[8192]	8192	987.7 ns	1.00
BenchCsharp	Int32[8192]	8192	4,450.8 ns	**4.50**
BenchAvx	Int32[32768]	32768	1,579.6 ns	1.00
BenchCsharp	Int32[32768]	32768	17,757.1 ns	**11.24**
BenchAvx	Int32[131072]	131072	4,832.2 ns	1.00
BenchCsharp	Int32[131072]	131072	71,143.1 ns	**14.72**

　ほとんど先のベンチマークと同様の結果ですので、説明は省きます。

付録

A.5 配列タスクで並列化

これまで紹介したプログラムを配列化したものを紹介します。並列化は Task 配列を用いて実装します。紹介するタスクは、Task<Vector256<int>> の配列です。Task<Vector256<int>> ですので、タスクは処理完了後 Vector256<int> の値を返します。配列は 4 つの要素から成り立ち、処理対象の一次元配列を 4 分割し、それぞれ自身の対象とする範囲を積算し、Vector256<int> で返します。すべてのタスクが終了したら、各タスクが返した Task<Vector256<int>> を積算し、1 つの Task<Vector256<int>> を得ます。以降は、これまで紹介した方法と同じです。

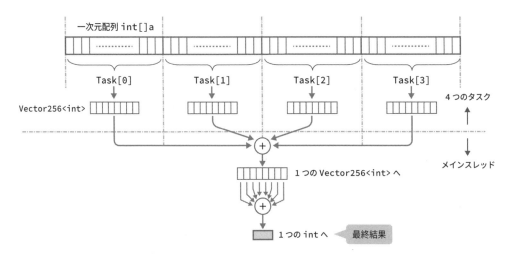

図A.2●タスクの分担と処理概要

それぞれのタスクは、Task クラスを使用します。Task<Vector256<int>>.Run メソッドで 4 つのタスクを起動します。それぞれのタスクは非同期に動作し、完了順も不定です。本プログラムはタスクの完了同期は行いません。代わりに、メインスレッドでタスクの返却値を参照します。各タスクの値が有効になるまでメインスレッドの制御がブロックされます。したがって、タスク配列の処理結果を必ず得ることができます。以降に、ソースリストを示します。

リストA.6●80 parallelBench¥06HAddArraysTaskRun¥

```
using System.Runtime.Intrinsics;
using System.Runtime.Intrinsics.X86;

namespace ConsoleApp
```

```
{
    class Program
    {
        static void Main(string[] args)
        {
            const int Length = 32768;
            int[] a = Enumerable.Range(1, Length).ToArray();

            var cSimd  = hVecAddAvx(a, Length);
            var Csharp = hVecAddCsharp(a, Length);

            Console.WriteLine("SIMD   = {0,10:f0}", cSimd);
            Console.WriteLine("Csharp = {0,10:f0}", Csharp);
        }

        // by simd
        static private unsafe int hVecAddAvx(int[] a, int length)
        {
            Func<int[], int, int, Vector256<int>> Hadd
                                   └ = (int[] a, int start, int length) =>
            {
                var vsum = Vector256<int>.Zero;
                fixed (int* pa = a)
                {
                    for (int i = start; i < start + length; i += Vector256<int>.Count)
                    {
                        var va = Avx2.LoadVector256(pa + i);
                        vsum = Avx2.Add(vsum, va);  // d0, d1, d2, d3, d4, d5, d6, d7
                    }
                }
                return vsum;
            };

            Task<Vector256<int>>[] taskArray = {
                Task<Vector256<int>>.Run(() => Hadd(a, (length / 4) * 0, length/4)),
                Task<Vector256<int>>.Run(() => Hadd(a, (length / 4) * 1, length/4)),
                Task<Vector256<int>>.Run(() => Hadd(a, (length / 4) * 2, length/4)),
                Task<Vector256<int>>.Run(() => Hadd(a, (length / 4) * 3, length/4))
            };
            var vsum = Vector256<int>.Zero;
```

```
        for (int i = 0; i < taskArray.Length; i++)
            vsum = Avx2.Add(vsum, taskArray[i].Result);


        vsum = Avx2.HorizontalAdd(vsum, vsum);  // d0+d1, d2+d3, d0+d1, d2+d3,
                                                // d4+d5, d6+d7, d4+d5, d6+d7


        vsum = Avx2.HorizontalAdd(vsum, vsum);  // d0+d1+d2+d3, ←, ←, ←,
                                                // d4+d5+d6+d7, ←, ←, ←


        int sum = vsum.GetElement(0) + vsum.GetElement(4);
                                    └ // d0+d1+d2+d3+d4+d5+d6+d7
        return sum;
    }


    // by C#
    static private int hVecAddCsharp(int[] a, int length)
    {
        int sum = 0;
        for (int i = 0; i < length; i++)
        {
            sum += a[i];
        }
        return sum;
    }
    }
}
```

Task 配列を作成し、Task を 4 つ起動し、それぞれが配列を 4 つに分割して並列処理します。Avx2 メソッドは 8 要素単位で処理します。かつ、タスク（スレッド）を 4 つに分割しますので、処理対象配列の要素数は 8 と 4 の最小公倍数の整数倍でなければなりません。このため、要素数などを変更する場合は注意してください。以降に実行結果を示します。

```
SIMD   = 536887296
Csharp = 536887296
```

これまでと同じ結果を得られています。

メインスレッドに追加して 4 つの Task を起動していますが、Task 配列は 3 つにして、1/4 は

メインスレッドで処理するのも良いでしょう。あるいは、Task.Run の代わりに StartNew を使うのも良いでしょう。並列化に関してはたくさんの方法がありますので、使い慣れた手法や、より性能が良いと思われる方法を選択してください。

　本プログラムを BenchmarkDotNet でベンチマークできるように変更し、実行してみましたが思ったほどの結果は得られませんでした。プログラムの変更は、これまでに紹介した方法と同じですのでソースリストは示しません。以降に、ベンチマーク結果を示します。

表A.3●性能比較

Method	a	length	Mean	Ratio
BenchAvx	Int32[1024]	1024	1,347.5 ns	1.00
BenchCsharp	Int32[1024]	1024	560.2 ns	**0.42**
BenchAvx	Int32[8192]	8192	2,110.9 ns	1.00
BenchCsharp	Int32[8192]	8192	4,452.0 ns	**2.11**
BenchAvx	Int32[32768]	32768	2,855.5 ns	1.00
BenchCsharp	Int32[32768]	32768	17,740.5 ns	**6.21**
BenchAvx	Int32[131072]	131072	6,019.4 ns	1.00
BenchCsharp	Int32[131072]	131072	70,938.0 ns	**11.79**

　要素数が多くなるほど Avx2 メソッドと並列化を併用したプログラムが速くなります。ただ、2分割で処理したプログラムより並列化の速度向上は低下しています。
　性能向上が予想と異なるのは、同じ配列を参照するため競合が発生している、Task 間のオーバヘッドが大きい、あるいは使用したパソコンの環境によるものなどが考えられます。しかし、本書の趣旨は並列化の検討ではありませんので、速度向上が予想と若干異なったことを深く調査することは行いません。

索　引

■ 著者プロフィール

北山 洋幸（きたやま・ひろゆき）

鹿児島県南九州市知覧町出身（旧川辺郡知覧町）、富士通株式会社、日本ヒューレット・パッカード合同会社・株式会社日本HP（旧横河ヒューレット・パッカード株式会社）、米国 Hewlett-Packard 社出向、株式会社 YHP システム技術研究所を経て有限会社スペースソフトを設立、現在は半分リタイアし、ゆったり仕事をしています。

オペレーティングシステムやコンパイラなどのプラットフォーム開発に従事後、プロセッサーシミュレータを複数の研究機関と共同で開発する。その後、イメージングシステムやメディア統合の研究・開発に従事する。数か月に及ぶ海外への長期滞在や年単位の米国シリコンバレー R&D 部門への配属、そして西海岸以外への出張も経験する。その後、コンサルティング分野に移り、通信、リアルタイムシステム、信号処理、宇宙航空機、EDA 分野などなど、さまざまな研究・開発に参加する。並行して多数の書籍や連載など印刷物に寄稿する。本業と執筆業は守秘義務などの関係で、ほぼ関連はない。近年は、軽いプログラミングと少々の原稿執筆以外は地域猫との交流を楽しんでいる。

書籍、月刊誌、辞典、コラム・連載など執筆多数。

C# ベクトルプログラミング入門
x86 系 SIMD 命令の利用と BenchmarkDotNet を使った性能評価

2022 年 6 月 10 日　　初版第 1 刷発行

著　者　北山 洋幸
発行人　石塚 勝敏
発　行　株式会社 カットシステム
　　　　〒 169-0073 東京都新宿区百人町 4-9-7　新宿ユーエストビル 8F
　　　　TEL（03）5348-3850　　FAX（03）5348-3851
　　　　URL　https://www.cutt.co.jp/
　　　　振替　00130-6-17174
印　刷　シナノ書籍印刷 株式会社

本書に関するご意見、ご質問は小社出版部宛まで文書か、sales@cutt.co.jp 宛に
e-mail でお送りください。電話によるお問い合わせはご遠慮ください。また、本書の
内容を超えるご質問にはお答えできませんので、あらかじめご了承ください。

ダウンロードサービス

このたびはご購入いただきありがとうございます。
本書をご購入いただいたお客様は、著者の提供するサンプルファイルを無料でダウンロードできます。

ダウンロードの詳細については、こちらを切ってご覧ください。✂

C# ベクトルプログラミング入門

キリトリ線